守望教育的初心

徐良惠　姚岩岩　主编

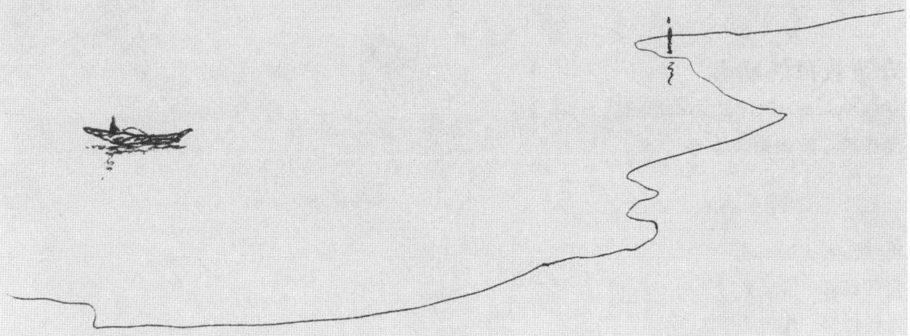

中原出版传媒集团
大地传媒

大象出版社
·郑州·

图书在版编目(CIP)数据

守望教育的初心 / 徐良惠，姚岩岩主编.— 郑州 ：大象出版社，2017. 8
ISBN 978-7-5347-9451-3

Ⅰ. ①守… Ⅱ. ①徐… ②姚… Ⅲ. ①小学教育—文集 Ⅳ. ①G62-53

中国版本图书馆 CIP 数据核字(2017)第 163400 号

守望教育的初心

SHOUWANG JIAOYU DE CHUXIN

徐良惠　姚岩岩　主编

出 版 人　王刘纯
责任编辑　梁金蓝
责任校对　倪玉秀
装帧设计　王　敏

出版发行　大象出版社(郑州市开元路 16 号　邮政编码 450044)
发行科　0371-63863551　总编室　0371-65597936
网　　址　www.daxiang.cn
印　　刷　洛阳和众印刷有限公司
经　　销　各地新华书店经销
开　　本　787mm×1092mm　1/16
印　　张　11.5
字　　数　143 千字
版　　次　2017 年 9 月第 1 版　2017 年 9 月第 1 次印刷
定　　价　26.00 元

印厂地址　洛阳市高新区丰华路三号
邮政编码　471003　　电话　0379-64606268

人是乡村小学的根

◎ 代修鹏

人是乡村小学教育的根，包含两层意思：一、乡村教师是根，因为乡村小学渴求真正懂教育、爱教育的教师；二、乡村孩子是根，因为每一个孩子都有权利得到公平成长的机会，获得建设个体生活和民族未来的知识与智慧。

这是我在采访完洛阳高新区孙旗屯小学之后几个月里沉淀出的最强烈感受。第一次去采访，我走到了校园和教室，回来写成《太阳照在孙旗屯上》，将学校探索阳光教育的方方面面一网打尽：打造阳光教师、阳光少年、阳光教育联盟……意料之中，追求全面的书写并没有细致刻画出这所乡村小学独有的魅力所在。于是我推倒重来，第二次来到了孙旗屯小学。

一样的明媚阳光，不一样的是这次我走近了更多的人，了解到了人在这所学校教育生活中的情感参与和心灵波澜。

与徐良惠校长深谈，让我感知到她21年的坚守与深耕；走到徐林林老师班里上了一节课，让我记住了那么多鲜活的笑脸和故事；走到学生王彻家里，聆听他父亲畅谈对教育的理解、对村小发展的认识；走到徐林林老师的家里，看到她可爱的女儿、儿子，慈祥的公公婆婆，我从他们质朴的

语言中感受到他们对学校平凡而真挚的爱。

孙旗屯小学的教师给我的感受是，不因为身在村小而失却做优质教育的决心。他们学习意识很强，敢于接硬任务，深知教学相长的意义，对教育有爱，做教育有毅力。他们有目标，有坚持，有成长。这所村小教师的精气神昭示这样一个道理：每一个向上的教师本身就是对孩子教育的最好文本。他们一边生长着，向下扎根；一边向外输氧，用自己的知识和智慧滋养着本地和外来的孩子们。

记得在徐林林老师的教室采访结束后，孩子们呼地围过来问我要联系方式，真诚和热情让人难忘。走出教室，一个女孩儿飞奔到教室门口，冲着我的背影大声地喊了一句："代老师，欢迎再来啊。"我回头分明看到孩子脸上盛开着一朵牡丹。

每一个乡村的孩子都有权利接受优质的教育。深谙这个道理的洛阳高新区文教体局局长孙健通带领着徐良惠这样一批校长在做着种种努力，学校老师们也通过课程、活动等让孩子们拥有童年里该拥有的东西，让孩子们学会知性、优雅、智慧、多彩地生活，并为未来生活做全面的准备。

正因为他们眼里有人，有教师的幸福和权益，有学生的成长和快乐，以人为根，他们的教育之树才常青。村小的老师和孩子是根，他们生长好了，教育才能枝繁叶茂。

目 录

卷 睐

拔 节

蜕　变

绽　放

眷睐

簇簇火焰传递温暖

◎ 冀向嫩

每天，当我披着早晨的霞光来到校园时，我的脚步是稳健的；每天，当我看到一群群在操场上欢呼雀跃的孩子时，我的心里是幸福的；每天，当我听到一声声稚嫩的问候时，我的身心是温暖的。我爱我所从事的工作，我爱校园里的每一个孩子，这种爱如不熄的火焰在我心中燃烧。在日复一日的日子里，愿我的爱如萤火之光，温暖孩子们的心。我更愿意将这点点萤火之光凝聚，为每一个孩子在成长路上指明方向，引领他们慢慢前行！

以情感为润滑的爱

教育家苏霍姆林斯基说过：“在每个孩子心中最隐秘的一角，都有一根独特的琴弦，拨动它就会发出特有的音响，要使孩子的心同我们讲的话产生共鸣，我们自身就需要同孩子的心弦对准音调。”

去年，我们班一下子又新添6名学生。其中年龄偏大、成绩偏差的小美同学引起了我的注意。更让我奇怪的是，有时天气很热，她却穿着带毛领的厚衣服；有时天气凉了，她却穿着短袖。上课时，她总是沉默寡言；当我看她时，她显出怯怯的眼神，又赶紧垂下眼帘。我想：这个女孩一定有

什么心思。有一天，我把她叫到办公室，和她拉起了家常，问她妈妈是做什么工作的，可她却一言不发，一直低垂着头。我耐心地对她说："没关系，你不要紧张，想告诉我就告诉我，不想说也没关系。"听了我的话，她抬起泪眼说："我妈妈在我两岁时就和爸爸离婚走了，长这么大我从来没见过她。"说完，她又低下了头。顿时，我自责没有深入细致地走入孩子的心灵……

从此，不管课内还是课外，只要看到小美，我总会有意无意地把含笑的目光投向她，让她感受到老师特别的爱。在课堂上，我总会悄然走到她身边，轻声对她说："你要努力，老师帮你。"这时，她总是把微笑还给我。我常找她谈心，告诉她努力学习才能改变命运，告诉她有困难一定要找老师，告诉她如何扬起生活的风帆……我为她找来合适的衣服让她换洗，发动学生从学习到生活对她提供无微不至的关怀……

慢慢地，她像换了一个人，自信、独立、开朗……期中测试，她一下子跃入班级前10名。看到她的成长，我感到从未有过的幸福与自豪！

以尊重为前提的爱

有了尊重，才会真正为学生留出成长的空间；有了尊重，才会成全不同师生的别样美丽。

在课堂教学过程中，我们有时会遇到这种情况：老师提出一个问题，还没有让学生回答，学生就七嘴八舌议论起来。仔细听听，其中有不少见解很独特，很有创造性。我利用这一契机，在课堂上开展"七嘴八舌显智慧"活动。每节课我都会给学生留下自由讨论时间，这个时候学生不必担心回答错被老师训斥、被同学们讥笑，这种议论是在一种心情完全放松的状态下进行的，学生无拘无束，可以自由想象，可以畅所欲言。如：我们班的玲玲同学，上课几乎没举过一次手。有一次，大家在自由讨论时遇到了一道难题，那一刻，教室里鸦雀无声……突然，玲玲同学举起了手，没想到，她的回答非常准确，我对她大加赞赏，班里也响起了热烈的掌声。自那以后，玲玲同学仿佛有了自信，学会了争辩、学会了议论、学会了查资料，成绩也明显提高。

经过长时间的训练，“七嘴八舌显智慧”成了我们课堂上的一个亮点。此刻，老师和学生就像是朋友，有时会因一个问题激烈争论，有时又会因共同克服一个困难而开怀大笑。学生的自由空间大了，个性得到了张扬，心中的想法也显露出来；老师也可以发现真正的症结在哪里，对症下药，效果奇好。

以行动为基石的爱

行动既在表达爱，也在增加爱。

在从教生涯中，我曾收到过一份特别珍贵、特别朴实的教师节礼物——砌灶台。

那是一个星期一的早上，学校正在进行升国旗仪式，突然咚的一声，还没等我反应过来，就听到有学生惊呼：“晓华晕倒了！”我急步上前，在其他老师的帮助下，将晓华送到了医院。医生的检查结果是：长期缺乏营养造成短暂休克。太不可思议了！现在还有孩子缺乏营养？在疑虑中我将她送回了家。晓华住在一个狭小的出租屋里，一个摆满瓶瓶罐罐的小方桌上，整齐地放着她的课本。看到这些，我的心里特别不是滋味，平时真是对这些外来务工人员的孩子关注太少了……细细追问，才知道她从小就失去了母亲，由于生活所迫，今年随父亲一道走出贫穷的村庄，父亲早出晚归在外打工，10岁的她挑起了家庭重担，洗衣做饭，样样在行。可由于家境贫寒，又没人照顾，她常常不吃早饭，以至于现在……

我了解了她的家庭情况，更明白没有母亲照顾的孩子就像冬天里飘零的树叶，是那样的孤独无助。她可怜的身世激发了我内心最柔弱的那份情感。一连几天，我带领几个学生到她家为她补习功课，帮她做家务，为她送上一碗热腾腾的饭菜，还发动全班同学在学习上关心她，在生活上帮助她。渐渐地，她苍白的脸红润起来了。

从此，她也把我当作母亲，和我谈心，谈她的家庭，谈她的成长……她那不善言辞的父亲，多次找到我，想说一些感激的话，却又不知从何说起。我总是笑着说："把孩子交给我好了，一切请放心。"

教师节前夕的一个晚上，我来到新买的楼房，登上了7楼，发现门口有一堆砖，这是谁干的呢？原来，是晓华和她父亲商量好的，准备在教师节送我一份特别的礼物——砌灶台。噢，我回想起，那次晓华过生日，我买了些卤肉和凉菜，邀请班上几个同学到我还没有装修好的房子里为她过了个开心的生日。言谈之中，我可能透露了想砌个灶台的想法。没想到，孩子却把这事告知了她父亲。她的父亲和孩子悄悄行动，运砖、运沙，忙得不亦乐乎！他们的先斩后奏让我很被动，执意拒绝、执意付钱都是对他们的不尊重。事后，她父亲这样对我说："你对孩子的好，我看在眼里，记在心上。农村人，也不会表达，会这点手艺，又有力气，帮点忙，心里踏实。"一席朴实的话温暖着我的心。

每每想到这件事，晓华父亲的形象总是闪现在我的眼前。农民的朴实，农民工孩子的不易，时刻叩击着我的心灵，提醒我要更多地关爱他们，为他们撑起一片蓝天。至今，这个过时的灶台我也舍不得拆掉，因为它像一面镜子折射出心灵的淳朴，它更像一面旗帜引领我走向人生更高的境界！

以智慧为燃料的爱

一团火焰要想持久地燃烧，必须有着足够的燃料。智慧就像爱的阀门，控制着火苗的大小强弱。所以，我们呼唤着张弛有度，我们提倡科学思维，我们不断学习着，以更好的方式落实。

上个学期，我们班“小老师”在上课，而我像学生一样坐在教室后边的座位上听讲。翻开课本，认真阅读，发现本篇课文四字词语很多，并且读上去特别拗口，我读了好几遍还读不好，正想着如何才能让学生尽快读准记牢，还没想出好招数，只听“小老师”大声说：“现在我们进行一个活动。”同学们一听，来了精神。只见“小老师”从讲桌上快速拿出几张自制卡片，唰唰几下贴在黑板上，然后说：“黑板上的词，看谁一口气读得多。读得又多又快又标准的有奖品。”话音刚落，教室里炸开了锅，紧接着，大家认真地看着，全身心地读着。我仔细看黑板，挑的词都是拗口的，不一会儿，评比结果就出来了，我看看时间，前后不到10分钟，这个难题就迎刃而解。回想刚才那一幕，我不禁感叹“小老师”的聪明机智。这与常规教学相比，效果不知要高多少倍。

在以后的课堂教学中，我用一个老师的智慧和学生一起不断地创新探究。如“10分钟强记生字词”“快速记难检字”“火眼金睛抓‘小偷’”“从板书入手，理清文章思路”等，创设了一系列愉快、高效的学习方法。课堂气氛活跃，学生成绩一路攀升，学生的求知欲和创新能力也与日俱增。

“爱是看不见的语言，爱是摸不到的感觉，爱是我小小的心愿，希望你们平安快乐永远……”还记得，学生们为一个问题在课堂上争得面红耳赤；还记得，复习期间“智囊团”成员精心设计的复习计划，使我们班屡战屡捷；还记得，班里同学生病，我和学生一起到家中看望，家长热泪盈眶的情景；还记得，家长会上，学生们学会感恩，与家长相拥而泣的场景……一点点、一滴滴、一幕幕都让我难以忘却。

我愿做一簇小小的火焰，把温暖和光明传递给我的孩子们、我的同伴们、我身边的每一个人！

奏响心中的歌

◎ 陈倩倩

鼓励与肯定是爱的推动力，有时教师一句看似平常的安慰、鼓励的话语，会使孩子的心得到一种快慰的释放，从而充满信心。

放学回家的路上，我的心沉沉的。学生日记中的几句话一直在我脑海中回想：“我干啥啥不行，吃啥啥不剩。”“我就是个废物、蠢材……”一句句话，狠狠地戳到我的心上。

放学的铃声刚刚响起，小奇兴冲冲地拿着日记本，人还未到，声音便先传进了办公室：“老师，我今天的日记写完啦！”我正忙着批改作业，本来想让他明天随着大家一起把日记本交上来，可是看他这么兴奋，眼睛里充满着期待，分明是想从我这里得到一些表扬，我马上改变主意：“呦，今天你可真积极，作业完成得这么早，快拿来让我看看。”

接过日记本，《我是笨蛋》——这个题目让我心头一紧，随即，我往下看：“我学习不好，干什么都不好，我是个笨蛋。”“我干啥啥不行，吃啥啥不剩。”“我就是个废物、蠢材……”一个个字眼，仿佛在抽打着我的脸。我的孩子啊，你怎么能这么看待你自己呀！是谁夺走了你的自信？作为他的老师，我有责任和义务来帮助他，给他爱。我决定跟他好好谈

谈，让他从心理上确认自己能行，给他鼓劲儿。

我请他坐下，问道：“你怎么能说自己是个笨蛋呢？你这么说你自己，我可不愿意，我想听你说说你有什么优点，可以告诉我吗？”良久，他羞愧地吐出一句“我没有优点”。“没有吗？我可知道好多呢，我来告诉你好吗？”他点点头。“小奇，你知道吗？老师一直都特别喜欢你，因为你特别听话，从来不闯祸，不与同学发生矛盾，不知道给老师省了多少心呢！而且你背书特别快，那么多单词，你一会儿工夫都背会了，老师是不是表扬过你呢？”他害羞地点点头。“还有一件事你肯定还没发现，我在你四年级的时候就发现了，咱们班你的课间操做得最漂亮，将来学跳舞，没准儿就是个舞蹈家呢……”这下可把他逗乐了。我又问：“这下你还说自己是个笨蛋吗？”“老师，我不是笨蛋，可是……我学习不好。”我马上开导他：“学习不好没关系，我们不跟成绩好的同学比，我们自己跟自己比，只要你今天比昨天有进步，哪怕多背会了一个单词，多记住了一个成语，你就是最棒的！从今天开始，我们自己跟自己赛跑好吗？”听我这么一说，他马上站起来，胸有成竹地对我说：“老师，你放心，我会努力的，请您拭目以待吧！”“加油！老师相信你！”说着，我对他做了个加油的姿势，他乐呵呵地转身离开了。

事后，我在反思，究竟是什么原因使他如此自卑？后来我了解到，他是个从小跟随爷爷奶奶长大的孩子，或许他缺少了太多的爱。我们老师也有责任，平时对这个特别的孩子关注得太少了，也许多一份关心，多一份爱，结局会是另一种情况。在后来的一段时间，只要他有一点进步时，我就及时给予表扬、激励，使他处处感到老师在关注他，关心他。经过一段时间，在他自己的努力下，各方面都取得了不小进步。一次测验后，当我公布了他的成绩时，同学们不由自主地为他鼓起了热烈的掌声，同时，我在班上再次大力地表扬了他，并且细数他这段时间的优秀表现。终于，他的脸上露出了灿烂的笑容。

日常教学中，一些教师通常只看到学生的成绩差，其实，每个孩子都有自己的闪光点。我们应该充分发挥学生的特长，让每个孩子都有获得成功的机会，运用鼓励的方法培养孩子的自信心，让学生在成长的道路上走好每一步。

爱是教育的基石。爱学生就是教师做好本职工作的最基本、最重要的前提。教师对学生的爱不仅仅是个情感问题，它需要教育的智慧，更需要无私的仁爱之心。让我们用真诚的心灵去撞击学生的心扉，用耐心的教育去滋润学生的情感，用细心的呵护去培养学生的自信，用精心的照料去保护学生的自尊吧。

蹲下身聆听

◎魏　丹

教师是教育者，同样也是受教育者，我们不只是要好好地教育学生，同样也要好好地向学生学习。

更改的分数

这件事发生在期中考试评卷后，我布置的作业是学生把语文期中试卷更正好后，请家长查阅并签署意见。

第二天，课代表将收好的试卷交给我，我着重看了几个成绩退步的学生的试卷。突然，我的眼睛停在了一张笔迹秀气的试卷上，试卷的分数显然是改动过的，接着往下看，几处扣分的地方已经改过，鲜红的错号已经淡淡地褪去。

我仔细一看名字，是她——那个平时乖巧可爱的小女孩。怎么可能是她？一向乖巧的她怎么会做出这样的事情？我不能也不敢胡乱猜测，我也害怕会伤害到她，便以帮老师拿作业为理由找她到办公室，以轻松交谈的口吻说道：“试卷的分数是怎么回事儿？是你改的，还是同学们故意给你改的？”她只是低着头不敢看我，默不作声。我又说：“你实话实说，老师不会怪你，也不会告诉家长的。”她犹豫了一下，用蚊子似的声音说：“是我改的。”我没有批评她，反而安慰她：“你别怕，老师知道你这么做是由于退步了，怕爸爸妈妈知道伤心失望，是吗？”她的眼泪已经顺着脸颊流了下来，哽咽着说：“老师，我错了，您原谅我吧，我以后再也不这样做了。”“要知道诚实比成绩更重要，你想要好的成绩可以通过自己的努力来获得，我相信你通过自己的努力一定会取得优异的成绩。这次的事情老师就原谅你了，也可以替你保密，不会让任何同学知道，但你父母那里你自己知道该怎么做吗？”我柔和地对她说，“只要你能够真正地改正错误，你在老师心里还是个懂事可爱的好孩子。”她点了点头。

第二天上课她格外地认真。后来在和家长的一次交谈中，我和她父母谈到了此事，证明她真的意识到自己错了，而且一直在努力学习。

奖来的橙子你尝过吗？

我没想到自己的一个无心之举却成了孩子们骄傲的资本。

早上上班时经过菜市场，看到橙子又大又亮忍不住就买了些带到办公室。今天的英语课我准备听写第三单元的单词，在我拿英语课本的时候，眼睛瞟到了那一袋橙子，干脆把它们当成奖品吧！于是我拎着袋子走进教室。

“今天我们听写第三单元的单词，100分的同学老师有奖励，下面请准备5分钟。”“耶！”教室里顿时响起欢呼声。只要认真地准备，带来的就会是美满的结果。全班40人，有32人的听写是满分，这可是前所未有的好成绩。“下面颁奖。”我把橙子一一分到了学生们的手上。

课间，我经过教室门口，听到了这样的对话：“这橙子我家里多的是，一点儿也不甜，还有点儿酸呢！”我听出这是小豪的声音，平时他的听写成绩还算不错，基本上是满分，偶尔会出点儿小差错，今天就是漏掉

了一个字母。本来他雄心勃勃要拿橙子的，很明显，酸葡萄心理，我忍不住窃笑起来。

“奖来的橙子你尝过吗？这是荣誉，橙子谁都可以买，但你就是买不到奖来的橙子！”田泽岱理直气壮地反驳着，我可以想象出来他肯定把橙子举得高高的。

我笑着走回了办公室，脑海里一直闪着孩子们那灿烂的笑脸。一直以为，六年级已经不需要“小红花”“五角星”了，只要晓之以理动之以情即可。原来我错了，他们需要的是“小红花”和“五角星”背后所带来的荣誉。那是一种成就，一种满足。

把赞美播撒

每当老师提出一个问题时，总会有很多同学举起小手想要回答，然而机会有限，做老师的是想多听听优秀学生的独到见解呢，还是后进学生略有欠缺的发言呢？老师给予更多关注的一部分人得到了锻炼的机会，不断提升，从一个成功走向了另一个成功；而无人问津的小草却在角落里慢慢枯萎、凋谢。

一天下午放学后，我正把学生送出学校，突然班里的一个女孩儿从人群里挤出来，悄悄地拉住了我的衣角：“老师，您可以等我一下吗？”看到她可爱的样子，我笑了，问道：“有事儿吗？”只见她快速地从书包里掏出一个小纸盒，双手捧着，轻轻地对我说：“老师，您打开看一看。”当我看到被文字和图画装饰得这么精致的小盒子时，我感到一阵惊喜和欣慰，她那诚恳的笑容促使我暂且收下。还没等我说话，小女孩儿转身就跑入人群中。

回到办公室后，我打开盒子，一个漂亮的发卡出现在我面前，里面还有一封信，更让我没想到的是看似平凡的孩子却写出了三四千字的心里话。从字里行间我读出了她的成长，读出了她的进步，读出了她对老师的那份特别的感激之情。事后我问她：“你为什么这么感激老师？”她竟说了一句：“老师，只有您发现了我。”说完就哭了起来，过了一会儿她又说：“一直以来，很少有老师让我发言，因为我的成绩差，更让我感到自卑了。我就开始隐藏自己，把自己当成一个透明人，是老师您不断地鼓励我、表扬我，才让我有自信敢于去发言，敢于去尝试，谢谢老师，是您给了我新生。”当她说到这儿，我的心里不由得一震，一个发言和表现的机会对孩子们来说真的是很重要呀!

经历了这件事后，我开始反思我自己：不会再让我的任何一个学生受到冷遇，我要让他们尽情地展示自己，享受阳光下最温暖的那束光。

我们不能将自己定位在教书匠的位置上，我们更应该学习，而学生就是我们最直接的老师。老师如果长期“两耳不闻窗外事，一心只弄旧教案”，难免落伍。教师要蹲下身来看学生，走到学生中间，和学生打成一片，和学生成为知心朋友。老师在和学生的频繁交流中就能自然而然地感悟出许多，经过消化变成自己的知识和经验。古人云，“听君一席话，胜读十年书”，而今老师常听学生的话，亦可胜读十年书。这种事半功倍的事，我们老师何乐而不为呢?

让爱与教育同行

◎ 姚岩岩

每一个孩子都像一颗种子，我们无法预知他最终会长成什么模样。作为老师，我们只能用爱心去滋养，用耐心去陪伴，静待那朵花儿的盛放。

让孩子拥抱阳光

有人说：“老师不经意的一句话，可能会创造一个奇迹；老师不经意的一个眼神，也许会扼杀一个人才。”

数学课上，为了鼓励学生，我讲到“我相信我们每个同学身上都有闪亮的光点”时，一名学生竟然情不自禁地脱口而出：“老师，我身上有闪光点吗？”我听了这声幼稚的发问，心里一颤，循声看去，哦，原来是小静同学。这时，她的眼神充满期盼，脸上露出疑惑。望着她一脸的纯真，我马上说：“小静同学，你身上怎么会没有闪亮之处呢？你热爱劳动，乐于帮助同学，还有诚信的可贵品质。”当我表扬她拥有诚信时，不少学生马上举手反对，纷纷指责她平常言而无信，还列举了许多事例说明。但我依然为她据理力争：一次放学，我请小静同学留下来补错题，突然有家长找我谈事情，小静找了我好几次都没找着，于是写了张留言条，说是第

二天一早到校马上交作业。第二天一早，我刚踏进办公室，她就来交作业了。可见，她是个有诚信的孩子。尽管她做过不诚信的事，但只要诚心改过，依然值得大家信赖。学生们被我的话打动了，没有再站起来反驳了。这时的小静低下了头，似乎在反思，似乎在为以前所做的事感到羞愧。

下课回到办公室，我也在反思：小静是一个学习成绩比较差的孩子，分数经常在及格边缘徘徊，有时一不小心会滑向不及格，我知道她经常受到同学的嘲笑，她的心里是自卑的。我由此想到：一个总是低着头、弯着腰走路的孩子，骨骼必然会变得弯曲；同样，一个自卑的孩子，在人前人后抬不起头来，心灵也必然会出现不同程度的扭曲。孩子，需要昂起头来走路，需要昂起头来做人，这是多么重要！课后，我找她谈了话，让她学会面对现实、接纳自己，并善于扬长避短，发挥自身优势，找到属于自己的快乐。

在以后的数学课上，我欣喜地发现小静勇敢地举手发言了，尽管其他学生对她的答案不屑一顾，但她能站起来，能主动发言了，可见她的心里开始拥有阳光了，虽然只是星星点点的阳光，但我相信，从今以后小静同学不再是低头弯腰的孩子，一定是个抬头挺胸、坚强快乐的孩子。

教师如果没有能力点燃火种，但也绝不能熄灭火种！面对眼前同样充满好奇和天真的孩子们，要珍惜，更要努力让每一个孩子的心中充满阳光，让每一个孩子在爱的抚慰下快乐成长。孩子的心灵是纯洁而美丽的，如水晶；孩子的心灵是脆弱而易碎的，如玻璃。我们不但要欣赏他们水晶般的心灵，更要保护他们玻璃一样易碎的自尊。

用爱和欣赏点燃希望

“老师，你今天真漂亮！”“老师，你笑起来真好看，我们都喜欢看

你笑。”……一下课，几个活泼的孩子像欢快的小鸟一样围着我，对我叽叽喳喳赞美了一番。听到他们甜美的声音、由衷的赞美，我的心情无比愉悦。是呀，有谁不爱听别人的赞美呢？又有谁不希望被欣赏，得到别人的赏识呢？那我是用怎样的眼光去看待学生的呢？

班里有个孩子叫小祥，上课老是注意力不集中，好动，回答问题不积极，字也写得一塌糊涂，还喜欢和周围同学说话。我软硬兼施，换来的却是零变化；和家长沟通多次，依然无效、无助、无奈……我究竟该怎么办？

静下心来，我认真反思，回想和他之间的点点滴滴，并结合他妈妈告诉我的关于他的故事，或许问题出在我这里？我的这种教育方法是否适合他？我应该寻找一种适合他的教育方法。

当我又一次听到孩子们说“老师，你今天课讲得真好，下节课我们还想上数学”时，在高兴之余，我陷入了沉思：孩子们不吝啬自己的赞美，用欣赏的眼光来发现我的优点，哪怕只是我穿着得体，工作上的一点小小的进步，而我为什么总是要盯着他们的缺点不放，不能去发现他们身上的闪光点呢？

一次数学课上，我在讲数学练习册，小祥又坐不住了。这一次我没有直接批评他，而是边讲边走到他的身旁，瞅了一眼他的练习册，我发现他的字写得比以前有了点进步，题也写对了。于是，我对同学们说：“小祥同学今天的练习册做得非常好，不仅字写得好，而且还全对，不如，下面这道题让他来给我们讲一讲，好吗？”他先是一愣，有点不好意思，我就半开玩笑地说：“小祥同学没有听到大家的掌声，有点底气不足。”顿时，班里响起了雷鸣般的掌声。随即，他落落大方地站起来开始讲了起来，并且声音洪亮、叙述清楚、解法独特。我震撼了，第一次发现原来这是个挺有才的孩子。我当着全班同学的面再次表扬了他一番，还让同学们向他学习。

改变了教学策略，孩子的变化还真出乎意料。在以后的课堂中，我尽量给他创造展示自己的机会，并及时表扬与鼓励。经过一段时间，我发现他的学习成绩有了很大提高，便让他担任了数学小组长，他也干得有声有色。由于我的赏识和鼓励，他在一天天地进步，语文老师多次在我面前夸他的进步，他的妈妈也打电话告诉我孩子在家比以前懂事了。期末考试他从原来的60多分考到了91分，名列班级前十名。开家长会时，我当着全体家长的面表扬了他及他的妈妈。记得当时，他妈妈发言时是含着泪的，说得最多的是“感谢”。看到这些，我真的很欣慰。

“姚老师，您是一位好老师，我永远也忘不了您！”这是小祥同学在教师节送我的一张卡片上写的。从这句朴实真诚的话语中，我感受到了教育的温暖、教育的幸福。“世界上没有完全相同的两片树叶，也没有完全相同的两个学生。”我们要善于发现，找到适合他们的教育方法，有时他们需要的可能只是一个欣赏的眼光、一句简短的赞语、一个会心的微笑……就让我们用爱和欣赏去唤醒这些孩子，点燃希望的火焰！

丹心化作春雨洒，换来桃李满园香

◎ 戚丁香

教育家乌申斯基说：“如果教育学希望从一切方面去教育学生，那么就必须首先也从一切方面了解学生。”教师要想学生对你多一份亲近与信任，使每位学生都能得到你平等的关注，就需要躬下身来主动去亲近每一位孩子的心灵，用他们心灵深处的能源照亮他们的精神世界。

故事一：教育要从爱与欣赏开始

“横看成岭侧成峰，远近高低各不同。”这两句诗写得真好，看事情是这样，看人又何尝不是这样呢？尤其是我们教师，每天面对那么多学生，如果能站在不同的角度，用欣赏的眼光来看待每个学生，你就会觉得每个孩子都是可爱的。

我们班有个调皮又倔强的男孩子名叫小宇，平时听讲不用心，下课爱和同学疯闹，常常和同学发生矛盾，制造事端，老师们拿他没有办法。但是我发现这个孩子特别聪明，而且他的作文水平和口语表达能力都很强。在一次语文早读课上，我发现许多同学在班长的带领下正认真地读着古诗，而他呢，却低头在看一本课外书。当时，我气得火冒三丈，但转念一想，这孩子平时自尊心强，又死要面子，以往老训斥他，也没有多大的效果，光靠我严厉训斥一顿就有用吗？于是，我就装作没看见，若无其事地来到他的身边，摸着他的头，微笑着说：“小宇，老师也想看看你的书，看你都入迷了。”起初，他还显得有些难为情，但当他看到我的笑容后，就毫不犹豫地把书递给了我。我一看是何捷老师的《游戏作文风暴》，这时我骤然明白为什么他的习作水平很高，原来他也有自己的爱好与兴趣呀！再次走到他的座位前，他已经完全投入到读书中了，还向我认真地请教了一个问题。我先认真地解答，然后说：“如果从今天起你都能这样用心读书，那么你的成绩会提高很快，信不信？”他点点头，非常用心地接着读下去。在那天的周会课上，我表扬了这个特别的男孩子，还让他站起来为同学们分享写好作文的方法。他积极地向大家推荐了一些好书，还邀请同学们到他家看书、借书，并坦诚相告，他的作文写得好的原因就是爱读书。他的话音刚落，班上就响起了一阵热烈的掌声。

请老师们不要吝啬自己欣赏的眼光和关爱的语言，如果我们能用赞美和欣赏的眼光去看待每一个孩子，特别是那些缺点多于优点的孩子，他们的闪光之处就会不断出现，带给我们惊喜。让我们的教育从爱与欣赏开始吧！

故事二：感受做教师的光荣与自豪

在我教育事业的路途中，我始终不能忘记那一个个经我教育转化后的学生；在他们的身上，我感受到了做教师的光荣与自豪。我们班的小豪同学上课时经常无精打采的，要么搞小动作，要么影响别人学习，提不起一点学习的兴趣；下课追逐打闹，喜欢动手动脚；作业不做，即使做了，也做不完整，书写相当潦草……每天都有任课老师或学生向我告状。

为了转变他，除了在思想上教育他、感化他，我还特意安排责任心强、学习成绩好、乐于助人、耐心细致的同学媛媛和他做同桌，目的是发挥同桌的力量。事前，我先和媛媛进行了一番谈话：为了班集体，不要歧视他，要耐心地帮助他，使其进步。媛媛满口答应，并充分利用课余时间或课堂时间帮助他、教育他。有时，媛媛也会产生一些厌烦情绪，说他不太听话，不太乐学……看到这一切，我就跟媛媛说：要有耐心，慢慢来。在大家的帮助下，在他自己的努力下，他在各个方面都取得了不小的进步：学习上更努力，纪律上更严格，劳动更积极，成绩也有了很大的提高。有一次我找他谈话，他说：“老师，媛媛同学这样关心我、爱护我、帮助我，如果我再不努力，对得起她吗？”我笑着说：“你长大了，懂事了，进步了，我真替你高兴！”

故事三：体味诚实的力量

为了让班级的书香味更浓，我号召全班同学捐献书籍。借书活动开展后，班里学生阅读的积极性非常高，我也为开展了这一活动暗自高兴。有一天，小静同学来到我身边，伤心地说：“老师，我贡献的《狼的故事》和《西游记》这两本书都不见了，一定是同学带回家了。”看着她伤心的样子，我安慰她：“不要着急，我一定帮你找回来。”我想，若是在班级大张旗鼓地找书，势必会给拿书的同学带来一定的心理压力。但是，如果不及时引导和制止随意拿班级公用图书的不良行为，又会给班级图书管理带来不便，也不利于孩子身心的健康成长。我思考了许久，终于有了解决的对策。利用休息的时间，我故作神秘地说：“同学们，今天我接到家长电话，说家里书架上多了几本其他孩子的书。他想培养自己孩子诚实的品质，便与老师取得联系，希望他的孩子能够将书归还给班级。我的想法与这位家长是一样的，只要将书还给班级就是诚实的好孩子。”

第二天，我在批改作业时，无意间发现小杰在书架旁来回走动，就不动声色地关注着他的一举一动，只见他迅速地从衣服内侧掏出书塞到书架上，之后又回头察看周围是否有人看见。一种直觉使我下意识地低下头，装作批改作业，一切都是那样的平静，似乎什么事都没有发生过。但是我的心里却有了许多的想法，用不用找到他再深入地谈谈？……思前想后，决定就让这件事淡淡地过去吧，已经告诉孩子主动还书就是诚实的行为，何必再去撕开那层面纱，只要他自己体味到了诚实，就已经体现了教育的无声力量。

本着对事业的痴心、对学生的爱心、对工作的热心、对未来的信心，我将继续在教育岗位上兢兢业业、无私奉献，我愿“丹心化作春雨洒，换来桃李满园香”。

遍洒爱的阳光

◎ 符晨霞

“爱是阳光，可以把坚冰融化；爱是春雨，能让枯萎的小草发芽；爱是神奇，可以点石成金。”在教育教学的过程中，我常常用自己的爱心去温暖我的学生，言传身教去感染我的学生，教他们学会做人，学会感恩。

教学生学会爱老师

一次新学期开学，由于人事变动，学校安排我担任六(1)班的班主任并教这个班的语文。接这个班时，我心里很是无奈，因为班里有几个令人头疼的学生，可我又一想，干一行就要爱一行嘛，让我试着爱上这群孩子吧！

我先跟大家谈心，真诚地表示愿和大家做朋友。然后，我在班里进行了班级管理改革，开展了一系列的活动：制定了小组评比制度，选出几名有责任心的组长实行小组管理；让学生自己捐书，建立了图书角，制定了图书管理制度，选出了图书管理员；为了调动学生的学习兴趣，开展了“小老师活动”，让学生走上讲台讲课……通过开展丰富多彩的活动，一段时间后，我渐渐发现这班孩子身上有许多闪光点，让我感到欣慰，更令我感动。

虽然我教他们时间不长，可三八节这天，许多孩子给我送来了祝福的卡片。这一天，由于我喝水少，用嗓过度，晚上回去嗓子就哑了。第二天，我的嗓子更哑了，这可怎么给学生上课呀！早读时，我走进教室，先来到倩倩身边，声音沙哑地轻声交代她协助我上语文课。她点点头，赶快拿起书预习起来。这时，身后的文文好像听到了什么，看了我一眼，马上低下头看起书来。

语文课开始前，文文忽然递给我一盒“金嗓子喉宝”。我当时就很诧异：他还随身带着药？由于马上要上课，我没有问他。下课后，我把文文叫到办公室，轻声问他：药是怎么回事儿？他告诉我，是早读后我去办公室喝水时他去外面药店买的。我点点头，轻声对他说了句“谢谢”，并拍拍他的肩膀以示感激。

下午，我正在办公室里喝水，忽然倩倩走到我身边，递给我一盒东西扭头就跑了。我打开一看，原来是几个用纸折成的“心”，上面还写了很多祝福的话语。看着这一颗颗“心”，望着桌上那盒“金嗓子喉宝”，我的眼眶湿润了，心里暖暖的……

此时此刻，我再也没有当初刚接这个班时的无奈，而是感到非常幸福，真为自己能教到这么懂事的孩子而感到高兴。我被学生们感动着，也深深地感悟到：只要你爱你的学生，学生也会爱你。

教学生学会爱家长

最近，我们班召开了一次以“感恩父母　做最美孝心少年”为主题的班会。此次班会的目的是让大家真正理解感恩的含义，怀着一颗感恩的心去孝敬父母，做一个有孝心的好孩子。

我先组织全班同学观看了全国“最美孝心少年”颁奖典礼的部分视

频。在观看过程中，全班同学被视频中的内容深深地吸引，被几位少年的事迹所感动，很多同学的眼泪止不住地往下流。接着，我们对“最美孝心少年”进行讨论发言：你将怎样感恩父母？同学们各抒己见，气氛活跃。最后我进行了点评总结，让同学们明白感恩不仅仅在于班会时同学们讲的点点滴滴。感恩不是一种形式，它是一种积极的人生态度。感恩父母要用行动来表示，希望同学们能为父母做些力所能及的事，并坚持下去。

回去后，孩子们就行动起来了！有的洗碗，有的拖地，有的给妈妈捶背……孩子们用自己的行动告诉我：他们学会了爱自己的父母。

教学生学会爱同学

一天下午，我的课刚上到一半，就听见有人说：“老师，金凤吐了！”这时，同学们纷纷朝金凤张望，有的遮着鼻子，有的议论，有的甚至戴上了口罩。我快步向金凤身边走去，轻声问：“不舒服吗？”她抬起头，轻轻点了点。我说：“走，我扶你到办公室喝杯热水。”这时，我看了看地上的脏物，停了一下说道：“谁去端点沙子来？”我的话音刚落，只见林林最先跑过去，拿起垃圾斗冲出了教室，后面好像还跟了几个人。

接着，我扶着金凤来到办公室。正好吴老师在办公室，我先把金凤托付给吴老师，然后马上回到教室。这时正好林林端着一垃圾斗沙子回来了。他把沙子撒在了那一摊脏物上，小扬也马上过来帮忙，拿起扫帚和他一起把脏物撮进了垃圾斗；然后，小马拿拖把来拖地。一切就绪后，我走上讲台，神情变得严肃：“从刚才金凤呕吐时同学们的不同表现，老师对同学们的了解更深了一层。刚才同学们看到金凤呕吐时，有的捂住了鼻子，有的把脸扭到了一边，有的好像教室里什么事都没有发生一样，有的甚至还戴上了口罩。同学们，你们想一想，如果今天是你呕吐了，当时你十分难受，而你身边的同学那样对你，你会怎样？你希望身边的同学、老师怎样对待你呢？”这时，教室里变得十分安静，也许大家都在思考。这时，我语气温和了一些：“老师刚才看到了好现象，就是我们的林林、小扬同学，不怕脏，不怕累，端来沙子把金凤的呕吐物清理干净，还有小马同学帮忙拖地，这些同学就是我们学习的榜样！”

下课后，同学们争先恐后地来到办公室，对金凤同学嘘寒问暖……看着同学们那真诚的表情，我很欣慰，也深有感触：孩子们真的很有心呀，在我的提点下，这么快就懂得了该如何去关心同学。

教师的爱心能使孩子们快乐健康地成长。让我们把这种爱传递下去，用师爱感染学生，教会学生爱，让爱的阳光洒遍每一个角落！

发现那点光

◎ 李俊锋

我们班的林林同学，平时经常不完成作业，批评、叫家长也无济于事，让我颇为头疼。一次上英语课，我像往常一样让他们在课前集体朗读所学过的内容，而他一如既往地做小动作。为了不让他影响到周围同学，我站到了他的身边，并将我的课本放在了他的面前，同时用手指着教材跟他一起朗读。我发现他的英语读得非常流利，几乎是在背诵。于是，在诵读结束后，我在班上特意点名表扬了他。当我表扬他时，我从他的眼神中发现了少有的兴奋和激动。一整节课，他居然端端正正地坐在那儿认真听讲！从这节课之后，他的每一点进步我都会及时给予肯定，在课堂上我也总是给他展示的机会。一个月之后，他几乎改掉了之前的毛病，并且成为英语课上听讲最认真的学生之一，当我让全班同学向他学习时，他又不好意思地低下了头。

这个学生的转变让我感触很大，原来每一个学生都需要爱的表扬，都需要别人对他的肯定，也许老师一句微不足道的表扬，就可能融化他那颗冰冷的心！通过这件事我知道了：要懂得在孩子身上发现那一点点优点，并小心呵护着他生命中的那一点点光，而那一点点不曾被扑灭的光，总有

一天会越来越闪亮，闪耀在班级这片星空！

我们班的小涛，因为天生性格犟，再加上父母文化程度很低，他的学习习惯也不好，成绩总是提不上来。有时和别人发生矛盾了，他还爱哭鼻子，班里的同学也不喜欢和他玩。于是，我就经常课下找他谈心，帮他分析原因。

通过我润物无声的教育，他的作业开始写得认真并能及时完成。我一旦发现他的作业有错就及时进行辅导，他由衷地说：“老师，您对我这么好，我以后一定好好学习，将来考上好的学校，工作了，我一定报答父母和老师。”过了一段时间，班里的同学都说小涛就像换了一个人一样。他的改变让我觉得搞教育并不是什么难事，看你是否愿意付出。孩子总归是孩子，有可塑性，只要你付出爱，孩子都能感受到。

在日常的教育教学中，一些教师往往不能很好地控制自己的情绪，对于孩子的不当行为，多是横加指责，甚至挖苦讽刺。他们成了班级中的灰色人群，有些孩子还相当自卑，这其实是一群更需要爱的孩子。

我试着改变自己，对这些孩子常说的一句话就是：“不急，慢慢来。”这句平实的话就像一缕阳光，温暖着孩子的心，传递着快乐、慈爱，让孩子感觉到他是生活在大家的关爱中，更加地热爱班级这个大家庭，更加充满学习的信心，并养成健康积极的生活态度。

身为人师，“严慈相济，恩威并施”应是我们不懈追求并坚持的。我们既已具备敏锐的洞察力，就不要忘记温柔地用心去发现孩子的优点，如果我们能学会用欣赏的眼光去挖掘孩子身上潜在的闪光点，并及时给予赞美的语言、满意的点头、会意的微笑、诚意的鼓励，孩子定会创造出奇迹！

让我们虔诚地把学生的事牢记在心，用心思考，用心感悟。让教育智慧升华，练就一双慧眼，发现学生“那一点点光”。总会有那一瞬间，一颗流星、一只流萤，在广袤的夜空都是亮丽的风景，让我们感受到每一个鲜活生命的独一无二和与众不同。

阳光下的爱

◎ 朱林林

作为一名教师，就要做一个有心人，在平时工作中对待出现问题的学生要注意发现并抓住打开他们心灵之门的契机。

老师的力量

今天的天气特别好。上课铃声响了，我站在教室门口，同学们陆陆续续进入教室，并且已经开始诵读课文。这时阿泽大摇大摆、旁若无人地走进教室，我真想说教他一番，可看到正在教室里的刘老师并没有大发雷霆，我忍了忍继续观望。

可能是因为刚做完课间操太热的缘故，阿泽把上衣的拉链一拉，两个肩膀一抖，胳膊一垂，干脆麻利地就把上衣给脱了，随手往身后一扔，衣服根本没有挂到教室后面的挂衣架上，而是掉到了地上。他回头看到衣服掉到了地上，接下来就不安稳了，你看他装模作样地竖起课本“郑重其事”地读起书来，可那眼睛却不时地瞅着地上的衣服。见此情景，刘老师不动声色地走过去，帮他把衣服捡了起来并轻轻弹掉上面的尘土，挂到了挂衣架上。

阿泽不好意思地低下了头，于是，他读书的声音突然洪亮、清晰了许多，而且这节课他没有像以前一样在课堂上捣乱，而是认真地背起了课文。下课时他竟然也背会了课文，这对于不爱学习的他来说是很难得的。

有时，教育成功的秘诀在于尊重学生，其实后进生也有强烈的自尊心，比其他学生更渴望得到家长、老师、同学的尊重与爱护，因为他们比学习好的学生承受着更大的心理压力。

钥匙

新学期开始，接学校通知我今年所带的班级由三（3）班换成了三（1）班。拿着三（1）班的学生名单，看着上学期符老师天天叫到办公室的这些名字：天天、小豪、佳月、小雷……天啊，光看见这十几个人的名字我都快愁死了，这课怎么上啊？

第一节课就印证了这绝不只是一个传说。这十几个孩子上课干什么的都有：睡觉、吃东西、玩小卡片……晚上回家的路上我就想：我从明天开始一定要先镇住他们，我就不相信我管不住他们。结果，真的很失败，不但没有镇住他们，他们反而变本加厉地干扰其他学生。正在无计可施时，我偶然看到这样一个故事：一把坚实的大锁挂在门上，一根铁棍用了九牛二虎之力也没能将它打开。钥匙来了，它瘦小的身子钻进锁孔，轻轻一转，只听啪的一声，锁开了。铁棍奇怪地问："为什么我费了那么大的劲也没有打开锁，而你却轻而易举地打开了呢？"钥匙说："因为我最了解它的心。"是啊，之前我用的这些方法不正好和铁棍一样吗？为什么不用一些像钥匙一样的方法呢？我决定改变方法。

第二天，我把这些人留在教室告诉他们说：从今天开始，你们上课只要能认真听讲，课堂作业认真完成，而且大家监督你们没有抄袭，就可以得一个优。他们半信半疑地问：真的吗？我笑着点了点头。

果然，一个星期下来，这几个人像变了一个人似的，虽然课堂作业里的错题还很多，但上课不再干扰别人了，自己也能认真听讲了。

是呀，如果想拥有打开孩子心灵的钥匙，就要了解学生，辅以科学的教育方法，绝不能再用铁棍开锁的方法。

角落里的爱

元旦即将来临，这两天收到了孩子们的好多祝福卡片，五颜六色的，很漂亮，心里也变得暖暖的。上午第二节课，刚进教室，海鸽手拿一张卡片说：“老师，给您。” 我笑着说了一声“谢谢！”“老师，这不是我送的，是新燕送给您的，她不敢来，让我给你。”我用吃惊的眼光看着坐在墙角的新燕，天啊，都这么大了上课还会尿裤子的孩子，还能给老师送张祝福卡片，还有这份心，真是不容易啊！

开始上课了，我随手把卡片放在了讲桌上。下课后，我匆忙地走出教室，将那张卡片留在了讲桌上。做完操回来后，大家向我报告说，新燕哭了。我说：“谁又欺负她了？”学生们说：“不是有人欺负她了，是她看你把她送的祝福卡片放在讲桌上没有拿走，她哭了，她说老师不喜欢她。”我一下愣住了。是啊，我丢在讲桌上的不仅仅是一张祝福卡片，还丢了一个学生对老师的爱啊！我赶紧来到教室，拿起那张卡片，告诉新燕说：“老师不是不喜欢你，老师只是想把它放在讲桌上，这样只要老师一上课就可以看到它了。”听到这些，新燕开心地笑了。

下午上课时，我惊奇地发现，新燕在认真地写英语作业，虽然有错的，但她写得那么认真，我笑了。

老师们，在对待问题学生方面，让我们的脚步放慢些，放缓些吧！

赞美中，我走进你的心

◎ 孙俊辉

人，因为有了共同的语言而成为朋友，师生关系也是如此。只有当我们时时刻刻都想要走进一个孩子的内心时，才能真正寻找到走进他们内心的路。每一个人的内心都有一扇门，只要我们够执着、够耐心、不放弃，用心、用情、用智慧去关注每一个学生，用心发现学生的闪光点，并提供机会将其放大——精诚所至，金石为开——我们定能成为学生的知音，跨越教育的障碍。

小常同学特别好动，一次能够坚持坐10分钟就很不错了，不仅他自己没学到知识，还影响了别人，真让人头痛。记得一次我进教室上课，刚巧碰到音乐老师也在，她有些生气地说："小常，你真的是经不起表扬！"我不知道是怎么回事，也没多问就开始上课了。上课没多久，小常"老毛病"又犯了，我生气地说："小常，难怪刚才音乐老师也说你经不起表扬！"谁知，他却大声地说："你又没有表扬我！"我一震，这一句无忌童言让我一时不知说什么好。

课后，小常的话一直在我耳边萦绕。平时我总觉得他调皮，的确很少表扬他。从今天这件小事看来，他还是挺在乎老师的表扬和肯定的。是

啊，调皮的学生也是学生，和大家一样都希望得到赏识，而且，从某种意义上说，也许他比其他孩子更希望得到老师的表扬吧——因为调皮，平时挨的批评肯定不少。我以前忽视了这一点，于是我决定要在今后的教学中调整方式。

从那以后，在课堂上，只要看到他认真听讲或回答了一个问题，我就马上进行表扬。经过一段时间的观察，我发现他在课堂表现和作业完成等方面都取得了小小的进步。但毕竟小孩子的自控能力比较差，要想在短时间内把不良习惯全部改掉是不现实的。遇到他上课又很不认真、小动作不断、对要掌握的知识模模糊糊的情况，我并不灰心，因为我知道这种学生是需要时间打磨的，也需要很大的耐心。我坚信，只要坚持把赏识教育的理念运用到实际教学活动中，一定能取得成功。

在一次阳光明媚的大课间，看着孩子们都在开心地玩耍着自己喜欢的游戏，我的内心是宁静、幸福的。突然，一个场面引起了我的注意，小常正在给其他孩子绘声绘色地讲着《水浒传》，孩子们听得是那么津津有味，想不到平日里语文总是不及格的他，讲故事倒是那么的有声有色，当时我就表扬了他。听到老师的表扬，他别提有多高兴了。于是，我在班里开设了“精彩三分钟”，每周评选“小小演说家”。小常总是能得到“小小演说家”的桂冠，课后我也总与他切磋，甚至成了知音。渐渐地，他在各个方面都有了很大的进步。

有人说：“人的精神生命中最本质的要求就是渴望得到赏识。”训斥只会压抑心灵，只有欣赏、激励才能开发人的潜能。只要我们善于发现学生身上的闪光点，去鼓励、赞扬学生，用欣赏赞美的眼光去关注每一个学生，与学生产生情感上的共鸣，我相信，每一个学生都能在成长中感受到教育的美好。

我愿做一滴甘露

◎李　婧

我从事教育工作三年了，时常会感到迷茫和不知所措。工作的对象是一群鲜活的生命，那一张张可爱的面孔时时刻刻提醒我所肩负的责任。我是他们人生路上的引路人，他们的成长和我有着割舍不断的关系。在一年一年的看似重复却每天都有创新的日子里，我慢慢地有了些感悟，深深体会到师爱在学生成长中的重要地位，在这里浅谈一些。

爱就是关怀

爱学生就要了解学生，要对学生的身体状况、家庭情况、知识基础、学习成绩、兴趣爱好、性格气质、交友情况、喜怒哀乐等各个方面有深刻了解。这是做好班级管理工作、避免教育盲点、因材施教的前提，也是提高教育管理水平、提高教育教学质量的必要条件。

为了了解学生，我经常和他们在一起，课间和他们一起做游戏，放学后和他们说说话，在闲谈过程中了解他们的基本情况。班上新转来一个男孩子叫子轩，性格有些孤僻，不愿与班上同学多交往，学习成绩很差，每次上课的时候总是偷看课外书，你一说他，他赶紧把书收起来，下次上课接着看。

对于这样的学生，我很是头疼，却也没有办法，只要他不扰乱正常上课秩序，我们也算井水不犯河水。后来发生的一件事打破了平静的局面。那天做课间操做到一半，队伍后面突然躁动起来，很多学生操也不做了围在一起，只听有的同学在喊：“打架了！打架了！”我立刻跑过去，看见子轩和我们班一个男生厮打在一起，那个男生被子轩打得直冒鼻血。我赶忙拉开他们，虽说子轩平常上课不怎么听讲，但是绝对不惹事，今天这样暴躁的他我还是头一次见。把他们叫到办公室一问，我才知道了事情的来龙去脉。原来做操时，子轩不小心踢到了那个男生，男生就说：“做个操都不会，你爹妈怎么养你的！”话音刚落，子轩就扑过来给了那个男生一拳，这就有了刚才的局面。

我先批评了那个男生不懂得宽容，然后转向子轩，教育他别人说话再不中听，也不能动手打人。没想到他哇的一声哭了起来。我忙把他拉进怀里，给他擦了擦眼泪，他边哭边说：“老师，我想我爸妈了，他们在外面打工，一年才回来一次。”听他这么说，我把子轩搂在怀里，半天没有说话。从那以后，我每次在家做好吃的总是叫他过来一起吃，放学辅导他做作业，有空的时候用手机让他跟爸妈视频聊天。渐渐地，我发现，子轩没有那么孤僻了，和班上同学玩得很好，上课能专心听讲，成绩也有了明显的进步。这样的变化让我非常欣慰，也让我深有感悟。只有了解学生，才能有的放矢地关心教育他们。当教师全身心地爱护、关心、帮助学生，做学生的贴心人时，师爱就成了一种巨大的教育力量。正因为有了师爱，教师才能赢得学生的信赖，学生才乐于接受教育，教育才能收到良好的效果。教师要真正做学生的良师益友，善解人意，除了献给他们一片爱心，还要替他们排忧解难。

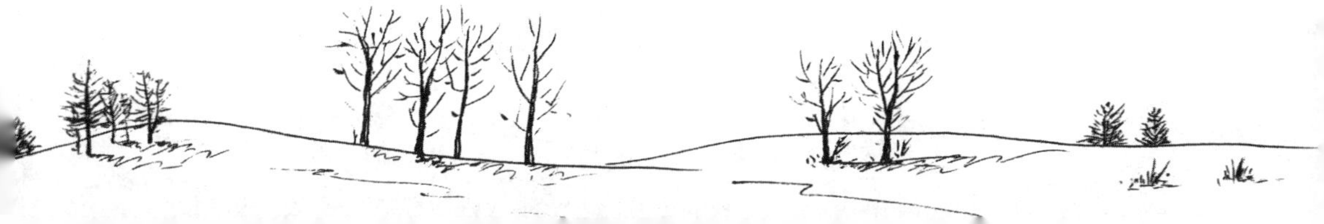

爱就是感动

在教书育人中，教师要用爱心去教育学生。不论学生成绩如何，我们都要满腔热情地去教育他们。特别是对于学习感到吃力的孩子，老师更要“偏爱”他们，让他们知道自己没有被遗忘。

一次考试时，我站在讲台上注视着同学们，大家都在认真答题，教室里非常安静。突然，从教室后面传来桌椅的碰撞声。我循声望去，原来是小昌同学边答题边晃动桌椅。我严肃地说：“这是考试，不要太随便！”谁知他满不在乎，我想大声训斥他，但又怕影响学生考试，便耐着性子没有理他。谁知过了一会儿他竟变本加厉，把书拿出来抄。我再也按捺不住，走上前去想拿走他的卷子。没想到他不但不给，还把卷子揉成一团。我一把将他从椅子上拽起来，推到门外。从那以后，每次上我的课，他不是一言不发，就是在那儿走神，和我之间有了距离。一个晴朗的上午，平常格外活泼的小昌同学“打蔫了”。我很奇怪，一打听，原来是他早上没吃饭，我赶紧把自己的早饭拿给他吃，当时他没说话。第二天，小昌同学主动走到我跟前说：“老师，我错了。”从此，他又恢复了往日的活泼，再也没有犯过类似的错误。只要用心教育学生，感动学生，我们就能和谐相处，达到教育目的。

教给孩子们知识固然重要，可关注孩子们的性格成长也很重要，性格决定命运。一个孩子在学校里最希望得到的就是一声来自老师的鼓励、表扬和安慰，而这些恰恰是我们取之不尽，用之不竭的！对学生的教育工作，不能够钻批评的牛角尖，而要在需要的时候不吝鼓励。当一个学生出现问题的时候，我们的训斥或许会让他有所改变，但是真正能从心底改变他们的恰是来自我们教师的那一句不起眼的鼓励，甚至是一个小小的动作。正是这一句不起眼的鼓励，点燃了孩子们心中的明灯，让他们有信心继续下去。学困生之所以学习进步迟缓，原因固然很多，但我觉得他们最大的心理障碍莫过于基础差，在别人面前抬不起头而丧失了学习信心。然而学生是未成熟的，是发展中的人，是有差别的，是需要呵护的人，他们渴望教师真爱的滋润。一个成熟、理智、有责任感的教师，都应该是孩子成长路上的引路人，而不能成为阻碍者。我想，这也许就是时代赋予我们教育工作者的责任吧！学困生更渴望得到别人的重视，就像干旱的小苗渴望得到甘露。那么，作为教师，我们就要抛开成见，动之以情，晓之以理，把“甘露”浇到他们的心里，用爱和关怀铸造孩子们的幸福童年。

信任的力量

◎ 孙玉静

信任是一种神奇的力量，它能激发孩子内心的潜力，唤醒他们向真向善的动力。作为教师的我们要怀着一颗爱心，处处留意，扶起孩子的自信心；要用自己饱含深情的爱，去感染、影响学生，就会给学生带来许多有益的改变；告诉学生“你能行”，把载有爱的阳光洒向每一个学生，让他们幼小的心灵充满爱的阳光，享受爱的滋润。

刚接“毛虫班”的时候，有位家长告诉我：“老师，我的孩子不会说话，请你多注意一下。”说这话时，家长满含期待地望着我。我吃了一惊，以为他的孩子是个特殊儿童。孩子名叫小鹏，一双惊恐的眼睛时时怯懦地躲闪着，他从不主动参加班里的活动，上课提问时，他也很少举手回答。观察之后，我下决心改变他，因为，我发现，他不是不会说，也不是不会做，而是他胆怯，心里有着尚未解开的结。

我利用课余时间找他谈话，鼓励他大胆回答问题，并有意识地为他提供机会。一次语文课，我提了一个问题：这篇课文有几段？在我的眼神再三鼓励和动作暗示之后，他犹犹豫豫地举起了手，声音又轻又低：“老师，我……我……我知道……”我欣喜过望，同学们也愣住了，没想到他能站起来回答问题。机会不容错过，我在班上表扬他说：“能大胆站起来回答问题，请大家鼓励他！”孩子们明亮的眼睛都朝向他，并竖起大拇指，一起说“加油！”他瞪着圆圆的大眼睛看着我，又看看同学们，低下头说：“这篇课文有六段。”我对他伸出了大拇指。从那以后，他举手的次数明显多了起来。

有了第一次，不愁第二次。除了锻炼他回答问题的胆量，我还有意识地培养他的“说话”能力。一次，说话训练的内容是：过年了家里来客人，我们该怎么办？思考之后，他举起了手，我叫起他，他又低着头小声说：“我……我……我说不好。”我说：“万事开头难，这次说不好还有下次。再说，还有老师和同学们的帮助呢，老师相信你。”我让其他同学与他配合，模仿文中的主人公以对话形式进行表演，虽然他表演得不是很出色，但大家又一次把掌声送给了他。

小鹏发生了变化，变得积极了，性格也活泼开朗起来，体育课上竟然当上领操员。我看在眼里，喜在心里。他妈妈给我发来短信：在家孩子变得开朗许多，有时还抢着干家务活，谢谢您对孩子的教育。我想，不要小瞧老师一句普通的话语，它有时能影响孩子的一生甚至改变孩子的一切。说来也怪，从那以后，小鹏像变了个人似的。我想：这就是信任的力量。

我喜欢这个班，发自内心地喜欢一年级的小朋友，但也有调皮捣蛋的小朋友，其中最调皮的是小琦。开学第一天，我就注意到他了。他在课堂上一会儿拿别人的东西，一会儿扭过头去和别人讲话，一会儿躲到桌子下面……我刚开始真的有点怀疑他是不是有多动症。和他学前班班主任老师聊天后得知：小琦脑子很灵活，反应也特别快，但就是太调皮了，很喜欢上课讲话。于是我把他的位置安排在讲台边上，同时也思考着我该怎么教育他。我想答案就是——信任！他每次在课堂上讲话，我就会点他的名，可以说那段时间他被点名的频率是最高的。第一次点到他的名字，他很惊讶，一下愣住了。他没想到第一天我就记住了他的名字。每次点到他名字，他会收敛一下，等一下又管不住自己了。我有时也会斥责他，但没有放弃他。我想：突然让他习惯上有大的转变那是不可能的，何况他还是什么都不懂的孩子。要相信他，给他更多的时间和更多的努力！我要求他练习写字的时候要认真，一笔一画写工整。他写完就迫不及待地递给我看。我看了一下，他写的字真的比我想象中要好很多，便及时给予表扬和肯定，他听完笑得很开心。从此以后，我觉得他和我亲近了很多。

有一次，因为被老师点名批评，他觉得很委屈，哭着躲到教室后面的桌子下面不出来。任何一个小朋友拉他、劝他，他都不听，只是不停地重复着说：“我不出去，我不出去，我就是不出去！”我有点发火了，大喊道：“小琦，快出来坐到你的位置上！”他仍然装作没听见。我想了想，改变态度，走到他跟前，蹲下身子说：“小琦，原来你在这里啊！老师刚刚找了你半天没找到，原来是在和老师玩捉迷藏的游戏啊！”他停止了哭泣，情绪稍微稳定了一些，但是还是不肯出来。我接着说：“老师一直认为你是个好孩子，也很喜欢你，你已经被老师发现了，所以就要出来哦！再不出来的话，就不是好孩子了！”然后，我又把手伸过去，他最后终于愿意把手递给我。出来后，他不怎么讲话，我把他带到他自己的位置让他坐下。后来，母亲节那天，孩子亲手做了张贺卡塞给我，说“老师给您”，然后就一溜烟跑了。

在后面的日子里，他慢慢地变得认真起来：上课偶尔会讲话，但和以前相比，已经进步很大；以前的作业只能得“良”，现在有时也能得“优”。我还发现他很喜欢画画。根据他的爱好，我又抽空教他画画，他更加觉得很有意思，也很喜欢我。就这样，他一点点地在变化，尽管淘气，但上课期间不再乱跑。

爱是最好的教育！不要认为小孩子什么都不懂，他们能够切切实实感受到你对他的爱。当然，这需要时间和耐心。对于那些调皮捣蛋的学生，我们要相信他能改变，不能轻易放弃，这样他们就有被重视的感觉，从而相信老师。

一句“相信你”就能改变一个孩子的一生。在我们的教学生涯中，又有多少孩子在翘首等待我们的这一句话。如果这样的机会没被我们抓住，可能就耽误了他们的一生。我希望教师不要吝啬自己的一句话，因为它能给孩子们带来希望，让孩子们在幸福中成长。

拔节

那是谁

◎ 徐良惠

2015年12月8日，必将记入孙旗屯小学的历史。新教育实验的点灯人、全国政协常委副秘书长、民进中央副主席朱永新教授走进孙旗屯小学这所百年老校，对学校的新教育实验工作进行视察指导。他高大的身影走过操场、穿过教学楼、走进教室，最后来到阅览室；他温暖的话语、和蔼的笑容像冬日里的一缕暖阳，温暖着师生的心。他说："学校虽然不大，但是很温馨。"他欣然为学校题写了"享受教育"四个大字。他与我开玩笑："你用一幅牡丹画，换了我一幅字。"我偷偷地乐。

那是谁——岁月如歌来去如归

初识朱老师，是在高新区文教体局成立的时候，孙健通局长向我们推荐了《新教育》一书，那是通过文字去了解一个人。后来，我被点名在全区教师会议上做读书分享。

人的一生是逐梦之旅，在追逐梦想的过程中会有诸多的不如意，有时会遇到困难，难免也会产生撞钟之念、后退之心。但当我读完《新教育》，当我看到年过半百的朱永新教授以义无反顾的勇气在新教育实验中

布道呐喊，我不禁为自己萌生的念头而惭愧。是啊，为了孩子们美好的明天，为了责任和梦想，我的脚步只能向前，我的选择只能是跌倒后爬起，接着前行。“从我们的指尖匆匆溜走的岁月，催促我们整点行囊，听从内心的呼喊，跟随自己的使命，站到涨潮的海上，乘风破浪，向着彼岸，开始人生的又一次出发。”作为一名校长，我期待把学校建设成师生同心同乐共成长的精神家园。

《新教育》，读你四年，却从不厌倦。四年的时光，我从一个新教育的新人成为一个被深度卷入的实践者，从一个自由的教者成为新教育的种子教师、《火种》编辑部的成员、义工群里的义工；学校从一个普通的乡村小学成长为新教育的实验校。四年来，学校共接待外来学习的教师、校长、文教助理、局长近600人。

随着新教育在学校的全面铺开，我越发感觉自己内心的觉醒和生命状态的变化。那是一种无须人提醒的自觉：无论是为种子群深夜制作PPT、校对文稿，还是群内的课程分享、评点叙事，我无怨无悔。

是岁月的荡涤，是点灯人的点燃，让文字与生命产生了交集、发生了质变。

那是谁——以心相随

2014年7月，我有幸跟随高新区文教体局一行参加了在苏州举行的新教育第十四届年会。在会上，我第一次见到了朱永新老师，他本人比书的封面照片略显苍老，但是更儒雅，更有书卷气息。

7月12日下午，我跟随参观的人群到平江实验学校学习。这是一座有着750年历史的老校，院内的大成殿也有500年的历史。“崇文崇教根深叶茂育良才，尊孔尊师务实求真扬美德”应该是近代新题的楹联，横批“德润文光”便是学校的校训，它既是学校办学渊源之见证，又是平江人温馨而美好的回忆。参观期间，见朱永新教授信步走来，距离更近了，我赶紧上前，也做追星状，合影留念。这一张照片照得艰难和巧妙，也是追星的付出吧——让江主任找好角度，讨巧地跟在朱老师旁边一路紧随，看周围人少的时候赶紧按下快门。

就在这次年会上，洛阳高新区加入了新教育，成为全国第46个实验区，学校成为高新区首批6所实验校之一。

回到学校后，我迫不及待地和老师分享了我的体验，又组织工作室和学校的教师加入“种子项目组”和“网师”；之后，重担压落肩头——我们要承担新教育的一年级公益研训班，我和我的工作室承担此次会务的筹划、接待。我要承担的是会务的宣传片制作、文稿撰写、会务接待和会场的服务，又一次和那些新教育的榜样教师接触，内心受到极大的触动，更加坚定了我们实验的决心。

走过漫长的教育之路，东奔西走跌跌撞撞地一路走来，或许是今世注定的相遇和欢聚重新点燃了生命的火花，使我义无反顾地寻找曾经遗失的梦想，用心一路追随。

那是谁——不喜不悲无怨无悔

时间的日历一页一页地翻过去，2015年5月，我参加了在新疆奎屯举行的新教育实验区域推进会。在那一次会议上，孙健通局长代表洛阳高新区在会议上做典型发言。朱永新教授坐在第一排，我把开放周时制作的资料《同心同行新教育》亲手交给朱老师，那里面收录了他的《爱教育就是爱自己》：“……爱教育，就是爱自己的最好方式，就是爱世界的最佳办法。……热爱每一个到来的日子，热爱每一个相遇的人。”这是我今后前行的信条，是我的生活态度。

在会上，听了朱永新教授的报告，也听了他对丰台二中和南明教育集团的介绍，为他的态度和平静的语气及付出折服。从来无怨无悔，这是一种大慈悲，我忽然在他的身上感受到了佛性，他的身后有光，那是他强大的气场和人格魅力的光辉。

7月，参加了在四川金堂的第十五届年会，走进韩滩慈济学校。这是汶川地震后，朱永新教授牵头由台湾慈济基金会捐资2000万元援建的一所学校。古朴的色彩、宽阔的校园、立体的绿化，使人感受到校园少有的宁静和厚重。走廊上的一幅字引起了我的注意："《静思语》指引人们开启生命美善与希望的门窗，期待人人找到幸福的钥匙，拥有美满的人生。"（证严上人）这是一种大爱，教育也好，佛教也好，都是教人向善，通过人生在世的修行，获得心灵的满足，拥有幸福的人生。

朱永新教授身上有好多的头衔。他不仅是一个官员，也是一个学者，更是新教育的引领者和实践者。他的一生，注定为责任和使命而来；他的一生，注定是跌宕起伏不平凡的。

那是谁——风轻云淡高山流水

与朱永新教授的第一次相遇，以有意的偷拍获得了永久的记忆。那是2015年的7月，民进河南省委"同心助教"走进洛宁。第一次和朱永新教授这么近距离地坐在一起。我在他的正后方，感受着他的一举一动，一呼一吸，吓得大气也不敢出。在会上，他向大家分析新教育当前的发展形势和前进方向，重点论述了新教育关于生命教育、家校共建、留守儿童等热点问题；他希望实验区、实验校通过新教育实验，锐意改革教育教学管理，提高教师、学生幸福指数，持续提高教育教学质量。

来也匆匆，去也匆匆。他乘坐凌晨的飞机从北京到洛阳，又从洛阳到洛宁，休息了不到四个小时又参会讲话，讲完话又赶飞机回北京。

人生总有许多次的相逢和错过，看时间流逝，岁月如歌。11月14日，在郑州管城区创新街小学，借故要给朱老师送上学生给我的玫瑰花，拦下了正欲出门的他，留下了我们又一次珍贵的合影。

12月8日，朱永新教授要到我们学校调研！早上不到7点钟，大家就开始了漫长的等待，时光过得好慢。7：15，7：30，7：50……8：30，“朱老师来了！”

他走进学校，我陪同他在阳光校园内行走。每到一处，我细细地讲我们的想法和做法，讲学校新教育实验的开展情况。这是新教育实验在这片贫瘠的土地上的一次绽放。朱老师不住地点头赞同，连声说好。在阅览室，伴着悠扬的琴声和诵读，他写下了“享受教育”四个字。是啊，享受教育的幸福，就会多一份快乐的心情、创造的激情和生活的诗意。

写到这里，我才发现自己的机会已经很多了，不是所有的校长或者种子教师都有这样的机会。我珍惜每一次来之不易的机会和邂逅。

那是谁——从不追随独饮独醉

在火炬大厦的二楼报告厅，我用心地聆听，仔细地记录，让新教育真善美的种子再一次播撒到自己的心里。

完美教室汇聚美好事物；擦亮每个日子，呵护每一个孩子；让每一个孩子发现自己，成就自己，成为最好的自己。

下决心改短板，是提升教育质量的有效保障；要做高品质的教育，推进教育公平，呵护每一个孩子；要真正关注那些薄弱地区、弱势群体中的孩子和教师；教育的品质离开公平是无法实现的。

重视教师。在教育所有的要素里面，教师是最重要的要素。传统的一些教师是工具性元素，是为学生而存在，不是为自己而存在，找不到教育的尊严和做自己的感觉。做新教育的教师要阳光，有生命的激情和生活中存在的价值。新教育以教师的成长作为逻辑起点——如何挖掘教师这个职业的内在魅力，找到自己存在的理由和价值？新教育是路径，帮大家找到做教育的意义和价值，“借我一双做好教师的慧眼”，找到职业认同感。每个人的生命都是一个故事，如何把这个故事写成自己的传奇？选择自己生活中的榜样，与谁为伍，就会成为谁；生命的遭遇是人生成长的机遇，那些伟大的传奇总是经历着伟大的遭遇，人生中没有那么多容易的事情，越是艰难，越容易成为传奇。教师的专业发展包括：专业阅读，站在大师的肩膀上前行；专业写作，站在自己的肩膀上攀升；专业发展共同体，站在团队的肩膀上飞翔。所有的创造都是基于模仿的基础。对人类的发展来说，你的智慧就在于那些专业著作之中。专业写作是一个反思的过程，是一个不断超越自己的过程，要不断地扬弃，不断地超越。

家校合作。重视家庭在教育中的作用和价值，孩子到学校后已是一个半成品了，他的习惯、智力基础已经形成了，你只是进行加固。长期以来，家校是隔离的，没有联系起来形成合力。良好的家校关系会给学生一个良好的生态环境，建立新父母学校，帮助父母成长；家校委员会参与到学校管理中去，父母与孩子共读共写共同成长，才会给孩子建立一个好的生态环境。也就是要撬动父母的力量，带动社会的力量。

阅读的力量。人是精神与物质的统一体，人有两个世界，但是大部分人生活在物质世界中。精神的成长有着它独特的经历，阅读的高度决定了精神的高度。人类的伟大思想和事物就在那些伟大的书中，书因为阅读才有真正的生命。没有被阅读的书只是一堆废纸。一个人来到这个世界，不

去看精神的风景是非常可惜的。研究所开发的书目就是一个阅读地图，我们不应该错过这些伟大的精神风景。一个没有阅读的学校不可能有真正的教育，学校时期是人一生阅读敏感期形成的最关键的时期，注意力、阅读力、想象力和表达力得到综合和提升。阅读是所有学科发展的智力背景，越是高年级，阅读的量越需要加大。阅读是提升教育质量的最重要的基础。

享受教育那么美

“孙旗屯小学，这样一所学校，放在全国任何一个地方去，是一个普通的乡村学校，但它把学校的每一个角落都武装到位，把孩子们的这样那样的想象，把老师们的创造都能够有效地利用起来，我觉得这很好。所以，基础再差的学校，环境再差的学校，物质条件再差的学校，给我们的感觉同样很温馨。”

在会上，朱永新教授这样描述我们的学校。一度，我也曾悲观地认为：事物和人有其发展的内在规律，是不可能改变的。环境，我改变不了；老师，我也改变不了；学校，我更改变不了。可是，开展新教育实验一年多了，师生的精神气质、学校的育人理念对周围人和物的影响发生了很大的变化，这是对我们付出的认可。

12月8日，是农历节气的大雪。朱老师的行走是大雪天气里最美的风景，更给阳光校园增添了活泼热闹，是学校发展中最值得书写的温情时刻。

“亲爱的老师：

让我们面带微笑，让孩子的心田充满阳光；

让我们播种快乐，让学生的明天更加辉煌；

让我们，也把微笑和快乐贮满自己的心房。”

新教育是一颗希望的种子，让我们带着爱和使命，在乡村教育的沃土上播撒、耕耘，追随新教育，践行新教育，享受新教育，让阳光校园绽放出一朵朵生命之花！

没有哪个人是一座孤岛

◎ 徐良惠

提笔书写的时候，回首往事，流淌出这样一个题目：没有哪个人是一座孤岛。是的，我们都是学校的一部分，都是实验群体中的一个，世界很大，幸好有你——新教育实验带给我的，是陪伴我度过的每一个明亮的日子、每一个美好的人和诗意存在的环境。

朝圣

2014年7月12日，是一个被点亮的日子。这一天，新教育第十四届年会“相聚烟雨江南，共话艺术教育”在苏州职业技术学院举行。我跟随高新区文教体局的领导参加了此次会议，吃住都在学校。宿舍比较简陋：一张席子、一床薄薄的被子、一个小小的枕头便是全部。床是高低铺，脱了鞋，以为三两下就可以上去，谁知道多年不练习，竟然手脚笨拙，脚硌得难受，膝盖也硌得疼；吃饭亦是如此：小小的包子、小小的烧卖、小小的粥碗……就连晚上冲凉，还要抓紧时间，不然没热水，喝热水还要刷卡。这真是一次难忘的会议和体验呀！

与简陋的会议条件形成鲜明对比的是新教育人的追求和激情。参会的代表有北京的、内蒙古的……一早吃饭时，看到人们陆续从宿舍楼中出来，忽然感觉大家像一群朝圣者，为了心中理想的教育和自己的教育理想齐聚新教育旗下。

百部名曲、百部童话剧、百部电影、百幅名画进校园，新教育研究院正在研发的艺术课程在海门市的部分学校开展，丰富的叙事和汇报带给我从未有过的体验。开会的几天里，我一直沉浸在这样的诗意和兴奋之中。新教育人的平和与执着、课程的丰厚，令我久久回味，彻夜难眠。我在当天的日志里写下：心情如同苏州的梅雨天气，享受生活的紧凑、渲染和诗意，亦如这暴雨前的霹雳，即使短暂，也发出自己的光亮，照亮沉闷的夜空。如果人生是一段旅程，我看到了未来的方向，我会朝着有光的地方，开始一段新的历程，做一个从容的行者，守望这平淡无奇的日子。

之后，我陆续参加了2015年的年会、两次国际高峰论坛、实验区工作会议。每次会后，我都会写下自己的感受，不仅与学校的老师分享，还与区内的老师和校长们进行交流，先后到偃师市作了《过一种幸福完整的教育生活》的报告，在区内进行了《学习感受“七个一”》《面对未来，我们准备好了吗》《西域归来话教育》《今天我选择成为教师》等分享，并参与组织策划了2014年的新教育一年级公益研训班、2015年高新区新教育实验开放周。我忘不了制作宣传片，列车上深夜长谈，七次易稿；为了迎接开放周，需要承担区里和学校的任务，一个月的时间，每天的工作时间都在14个小时以上；正是在行走并愈来愈多地和新教育的人接触中，我触摸到了新教育的核心——过一种幸福完整的教育生活。这不仅是一种愿景，更是扎扎实实的田野行动，它让知识成为一种快乐，生命成为一种高度，理想被擦亮，幸福成为可能。

行动

一项好的工作需要得到大家的认可，行动力才能跟上。暑假期间，我读了《新教育》《生命中最好的语文课》《教师阅读地图》《新教育年度报告》《做新教育的行者》《我是来自大西洋的飓风》《这一群有种的教师》《喜阅读出好孩子》《守望新教育》《一间可以长大的教室》等新教育实验的系列书籍，为行动提供了扎实的理论依据。

9月，学校被新教育研究院批准为新教育实验校，经过一个假期的酝酿、学习和选择，我们确定将新教育的儿童课程和营造书香校园、构筑理想课堂、缔造完美教室作为行动项目。

一、做一颗有能量的种子

2014年9月，我成为新教育蛰伏的冬季种子教师。“一个人躯体的成长，会随着时光的流逝而停止，然后开始委顿，最终归于泥土。一个人的精神，却在生命的任何一个阶段都可以重新开始，都可以继续丰盈，直至无限壮美，在时空里永生。”

1.种子教师

我先后加入了新教育项目培训1群、新教育种子计划群、新教育网师大讲堂、新阅读群、四年级种子研讨群、“三部”讨论群等新教育实验的网络共同体，在“教育在线”建立了学校实验帖、工作室实验帖和个人实验帖，完成种子每月的叙事和共读，并且在群里进行分享。同时，我承担年级群海报的制作，有一段时间，海报几乎被我承包。三年级年度颁奖中，我曾守在电脑前整整一天，随时接受种子老师提供的资料，制作颁奖海报。一年的时间，我共制作海报27期，先后在年级群中进行了《第56号教室》《在贫瘠的土地上开出生命之花》的分享，在全国项目群中进行了

《打开书，讲一个故事给你听》的分享，在3500人的项目群直播，还有一个学校700多人的群进行了转播，为原平支教学生群进行《让青春在校园里绽放光彩》的分享。

2.阅读推荐

在新教育的阅读群中，我每月撰写读书感悟与大家分享。2014年，我的两篇书评被收录到作品集中；2015年，我为中国女性阅读书目撰写两篇导读；2016年春节前，我又给晨诵项目组撰写了14首儿童诗的导读。

3.义工

我选择成为项目群的义工、四年级种子群的义工，2016年春天，审阅了50个种子的资料并且进行整理。新网师“一处三部”刚刚成立，为了更好地提升网师品质，记录新教育实验的历程，我选择承担新网师宣传部长一职，为新教育实验贡献自己的一份力。新网师工作简报《火种》已出刊3期，1期15次、2期10次、3期9次校稿，这些工作大多是在节假日和深夜进行，但我无怨无悔。在《火种》身上凝聚着编辑的期待和心血，它在秋季酝酿、冬季典藏、春季萌芽，早该燃烧的火种终于发光。

二、阳光团队

没有人是一座孤岛，我依托我的团队，和他们一起实验、记录，让新教育之花在阳光校园绽放。我们各自承担项目，又互相依托，让他人因自己的存在而焕发生命的光彩。作为校长，我不仅做好引领人，更是团队中攻坚克难的一员，首先改变自己，进而寻找学校的转型之路。

1.实施新教育的儿童课程

我们结合新教育的儿童课程，改编了学校之前的阅读读本，研发了《阅读·悦读·越读》校本，将新教育的晨诵诗歌编织进去；专门印制了阅读存折等，记录孩子们童心的绽放及成长；在读本中，我们还推荐了新教育的阅读书目及东洲小学的电影目录。实验两年来，单是班级的作品已经汇编成册近300本。2015年10月，“飓风大姐”到学校调研时给予了充分的肯定，并指导我们注意收集每一个孩子纵向的心灵成长史。研发读本的时间，是大家最为痛苦的时候，一首诗究竟应不应该选择，选择放在哪个年级，课题组成员都要反复商量和掂量。

2.营造书香校园

书香校园是学校行动的重头戏。一所经历了30多年存在的村小，破败的校舍、杂乱的环境、素质参差不齐的家长、家庭教育几乎为零的教育生态环境一度困扰着我。

在读了《这一群有种的教师》之后，我为那些工作条件更差的老师们的行为所感动。要做一个有能量的人，为此我协调关系，取得区、乡和村子里的支持，先后对校园道路、操场、教室、办公室进行了改造、改建和整修，三年多的时间使校园面貌焕然一新。阳光环境文化，着力打造师生共成长的精神家园。16万元的图书遍布楼道、转角、教室和图书室，连续五年的读书月活动愈来愈丰富，书香成为班级、学校、家庭的独特存在，课题式研究为书香校园建设提供研究性支撑。

时时有阅读之书，处处有阅读之人，氤氲书香成为村小站立的精神气质。洛阳书友会、洛阳诗歌朗诵会、洛阳诗歌协会、洛阳小小说协会、洛阳少年儿童图书馆、洛阳市789少儿阅读推广联盟、河南教师读书会纷纷被学校吸引，前来举办和参加活动。《教育时报》更是在2014年12月3日和2016年4月27日刊发学校开展书香校园建设的相关报道；《河南青年报》、《洛阳日报》、《洛阳晚报》、洛阳电视台多次对学校书香校园建设进行采访和报道。

3.缔造完美教室

学生的品质由站在教室里的老师来决定，一间完美教室承载着师生的梦想。我们选择榜样教师先开始教室的建设，在建设过程中，一遍遍地阅读《一间可以长大的教室》和《新教育年度报告》，帮助教师进行梳理。我们对教室的空间进行划分，使所有的班级在缔造过程中和而不同、美美与共。将近一个学期的时间，教室在缔造中朝向完美。蜗牛之家、满天星班、七彩泡泡班等一间间教室，在师生、家长的共同缔造中彼此承诺、相互鼓励、共同祝愿，演绎着教育的精彩，书写着生命的传奇。2016年3月3日，湖北随州杨光明局长在走进教室参观完之后说：“你们真不容易。通过今天的学习，我知道了教室的真正样子。”蜗牛之家的张丽培老师分别给偃师和焦作马村区的老师进行了《欢迎你来到蜗牛之家》的分享，满天星班的胡雪利老师在洛阳高新区新教育实验开放周进行完美教室建设的叙事分享。蜗牛之家还举行了期末庆典，并为随县的老师进行了《做最好的自己》叙事分享。

三、七彩联盟

为了更好地做好新教育实验，我们和土桥沟小学、前沟小学、辛店二小成立七彩联盟，统一开发地方课程和校本课程，同步开展对外宣传和各年级的活动。

1.研发卓越课程

在“阳光教育”主题教育的建构下，土桥沟小学梳理提炼出“周文化”，对学校文化进行打造；辛店二小推出具有浓郁乡土气息的剪纸课程进行推广；前沟小学结合地域优势，在研发卓越课程行动中将舞龙、抖空竹课程引进学校；孙旗屯小学更是发挥自己独特的优势和引领作用。由四所联盟校共同承担的课题“阳光教育的实践性探索”经过两年的架构、一年的实践，也顺利结题，成为指导联盟校发展的总纲挈领。

同时，联盟学校还与郑州管城区阳光小学、三门峡市阳光小学、洛阳市吉利区阳光小学等新教育实验学校和新孩子学校在办学理念、教学研讨方面双向交流，共同提高。

2.开展送课活动

每学期，我校都要举行“构筑理想课堂”研讨月活动，其间，对学校推选出来的课程进行公开展示，请市、区名师、教研员到校指导，联盟校的学科教师也到校参与听课、评课，教学相长。

建立走教援课制度，使联盟校教师之间互相交流，并进行不同校情的教学实践。两年多的时间，联盟校之间相互走教援课150节，完善补充了各自的教学经历。

联盟校针对教师成长中出现的困惑，共同设计拓展训练，通过训练明确愿景目标、发展方向。

收获

一、村小在新教育实验核心人物的关注下走向精彩

从2014年6月12日吴勇主任走进孙旗屯小学开始，这所在新教育实验指导下的村小吸引了越来越多新教育人的关注。陈东强院长、童喜喜、吴勇、“飓风大姐”郭明晓、张硕果、李镇西老师先后到校进行指导。2015年12月8日，新教育实验的点灯人朱永新老师走进了孙旗屯小学，对我校的新教育实验进行视导。作为每次视导的陪同人员，我都从他们身上获得前行的力量和勇气，内心受到极大的触动，从而义无反顾地向着自己的初心一路追随。

使村小向着阳光的方向前行，更是我的使命和责任。努力、安静成为

我的气质，信念、激情、耐心内化为我的气场。学校也在我的引领下一步一步走向卓越。

二、十多万的赠书成为学校成长的精神动力

2015年5月12日，著名儿童文学作家童喜喜带着10万元的捐赠图书到学校。我主动沟通，多方努力，使这次公益行活动成为营造书香校园的一个永远值得纪念和书写的事件。给学校补充的几千册图书，以及真情的讲座成为之后捐赠的引子。作家的捐赠、读书会的捐赠……阅读成为乡村小学生存的底色，成为孩子们最喜欢的礼物，更是成为学校成长的精神动力，让我们在浮躁、繁华的世界里保持一颗平静安宁的心。

三、办学条件得到改善，学校走向精致化

开展实验几年来，学校先后被评为全国红领巾示范基地、河南省师德师风建设先进校、洛阳市教育教学管理单位、洛阳市教师发展学校、洛阳市德育特色校等，学校的成长得到多方的认可和关注。省、市、区教育系统领导多次到校，对学校工作给予肯定，区、乡、村三级组织提供资金支持，对学校的办学条件进行改善，学校一步一步走向精致化。洛宁东城小学的蒋晓媛主任到校跟陪两天后，说：孙旗屯小学每项工作都做得非常细致，不论是课堂上的每一个细节还是校园布置的每一个角落都能考虑得很周到。学生的绘画作品、书法作品、小制作、工艺品等在细微之处体现着教育者为学生才能的展现和拓展所做的努力与良苦用心。

坚持

一、义工服务

做义工固然很累，但在这个过程中可以审视自我，关注内心，更加欣赏朝向完善的自我，获得对人生的努力与坚持。接下来的时间，我会更好地做好项目群义工服务，同时做好洛阳市少年儿童图书馆和高新区少年儿童图书馆的萤火虫故事会和手工坊的讲座，做好789少儿阅读推广联盟的公益服务。一路走来一路播撒，把阅读的种子植入了孩子们和老师的心中，构筑孩子们成长的七彩童年，建设教师成长的精神家园，让公益行动更加纯净自己的内心。

二、新网师宣传部

这是新的工作挑战，也是一个特殊的工作群体及沟通方式，一切刚刚开始，一切都是新的，我会尽己所能，协调好这一群天南地北的志同道合者，为共同的教育理想默默付出，攻克一个又一个个体无法逾越的难关，让《火种》真正成为点燃网师学员的一颗火种！

三、分享经验

做一个新教育的践行者和传播者，先后有1400多名局长、校长和教师到校参观学习，我一直跟陪左右。我先后为焦作马村区、偃师市、宜阳县、洛阳市老城区的校长们进行了讲座。5月12日，偃师市校长培训班的90多名校长到学校，我与他们共同进行了《私享汇智幸福为己》的新教育实验分享。

四、书写叙事

叙事，也将记录自己成长的过程。2014年，我写了10万字的教育叙事；2015年，我的书写达到18万字。《书香伴我成长》《四季当歌，且以永日》先后被公众号“守望新教育”推送；我的2015年生命叙事获新教育实验生命叙事最具实力奖；《那是谁》《四季当歌，且以永日》被朱永新老师的博客收录。朱永新老师在博客里写道：“徐老师是想感激新教育带给她的梦想和快乐、成长与安静。但是，我更想说，徐校长和她的老师、孩子们，才是新教育的真英雄。前不久去了她的学校，普普通通的农村学校，硬件条件远远不如我见到的大部分学校，但是，师生的精气神就是与众不同。”

奇迹

一、个人成长

有人说：做了事的人别人不一定会记得，自己也不一定能记得，但是岁月一定会记得。这两年，我收获了自己职业道路上从未有过的收获：入围2016年中国年度“点灯人”；被评为河南省教育教学专家、河南省名师，首届和第二届洛阳市名师、洛阳市优秀教师；承担了省、市级实验四个实验课题的研究；电教课获省二等奖、市级一等奖；被评为洛阳市优秀志愿者……我自当努力勤奋，不虚度年华，不辜负时光，赢取自己所渴望的未来。

二、师生面貌

千人的参观学习，给教师和学生提供了更多的机会和舞台，我总是以特殊事件和特殊时刻，让老师走向前台。两年多来，学校教师在全国、省、市、区级比赛中获奖有300多人次。姚岩岩被评为河南省学术技术带头人、市业务标兵，刘文化获河南省最具智慧力班主任优秀奖，冀向嫩被评为洛阳市智慧教师……学生获奖更有近千次。

《教育时报》首席编辑代修鹏老师说：“孙旗屯小学的教师给我的感受是，不因为身在村小而失却做优质教育的决心。他们学习意识很强，敢于接硬任务，深知教学相长的意义，对教育有爱，做教育有毅力。他们有目标，有坚持，有成长。这所村小教师的精气神昭示这样一个道理：每一个向上的教师本身就是对孩子教育的最好文本。他们一边生长着，向下扎根；一边向外输氧，用自己的知识和智慧滋养着本地和外来的孩子们。”

三、学校的生存方式

学校生长模式被打开，村小的面貌和精神气质发生了变化。村小的生长，在朝向卓越的路上，经历了从破土到繁茂、从平凡到奇迹的蜕变，每一个置身于其中的人啊，跟随着它从容成长，如自然万物生长一般。

党玲芬老师说我：“骨子里的某种浪漫，遇见某种执着，任何一些细微的枝节，都能成为发展自己及学校老师的契机，都能很快内化为具有自己生命特质的东西。此刻，我想到的是她学校里的每个生命，包括每朵花，每棵草，都将会是多么幸福。”我想，她其实比我更懂我。

每一条道路
仍有向远方出发的人
我们注定还要失落
无数白天和黑夜
我只请求留给我
一个宁静的早晨

是点灯人和新教育人的精神、赤诚感召着我，可能我做得很一般，不过再想想：没有哪一个人是一座孤岛，我有一种信仰，我有扎实的行动，我有一个宁静的深夜。

愿做乡村教育的主力军

◎ 徐林林

作为一个在农村小学教了15年书的老师，我清楚知道现代乡村的教育现状。乡村教育的突围之路该怎么走？为了寻找，为了学习，我来到了黄河之滨、太行脚下的焦作武陟，和武陟的新教育人，和全国的新教育同人一起共话乡村教育的突围之路。

走进焦作新教育，倾听榜样教师的生命叙事，唤醒、梦想、坚守这些词一遍遍地在眼前闪过。时间匆匆，没有更多的时间去走进这个城市，只是坐在参会的汽车上时才有机会可以打量一下她的面貌。5月的焦作和洛阳相比，似乎显得不够美丽，但她却是我心中神往已久的地方。从2007年的邂逅至今，十年的耕耘，十年的播种，焦作的新教育人日复一日、年复一年地践行着新教育，他们汇聚美好，相互编织，用心穿越，携手向前，新教育实验在焦作花开有声，枝繁叶茂，硕果累累。我想，这里一定有我想要知道的答案。

新教育是什么？焦作新教育人告诉我们：新教育是一朵云推动另一朵云，是一棵树摇动另一棵树，是一个灵魂唤醒另一个灵魂。焦作的张硕果老师、赵素香老师就是这样用灵魂唤起了更多老师成长的渴望。我们

明白，只有让老师、学生，包括我们的家长深度地卷入新教育，才会创造奇迹。这个奇迹，沁阳四小的白娜老师做到了。她用自己的努力，不仅书写了新教育的传奇，也书写了自己的生命传奇。她是城乡接合部一个生源流失较为严重的学校的老师，但她却创造了一个奇迹：他们班的孩子由18个变成了83个。从生源流失到生源回流，白娜老师用自己的努力，用自己的坚守，用自己的智慧感动了所有的家长，让家长们深度卷入，参与新教育，创造新奇迹。焦作家长对新教育的认同、热爱让我在报名的第一天就感受到了。在参会的报名处，我偶然听到一个中年男子和负责接待的老师解释："我不是学校的老师，只是一个学生的家长，但我也想参加这个会，也想来学习一下，增加点知识，更好地教育自己的孩子。你们就让我报名吧。"10年的积淀，焦作不仅有了像张硕果老师、赵素香老师这样的榜样教师，更是改变了这里的教育生态环境，让家长也成了新教育的追随者。

新教育是什么？新教育是一本书，一个人的力量是渺小的，但一本书加一本书再加一本书，就能改变一个孩子。阅读就具有这种神奇的魔力，改变人生，创造未来。武陟县木城镇第一小学的毛莹老师就是因为阅读实现了梦想，改变了自己的人生，实现了从丑小鸭到白天鹅的华丽转身。毛莹老师初中毕业后在一家养鸡场喂鸡，生活中一直陪伴她的只有书。随后她又到郑州当起了保姆，幸运的是阅读陪伴她一直前行。直到母亲生病，为了照顾母亲，她回到了家乡。此时，当老师成了她最大的梦想。她就去请求校长，只要让她教书，不要工资也行。她的诚心感动了校长，如愿在村小当了一名代课教师。两年后，当她再次回去做保姆的时候，她说：离开是为了更好地回来。在做保姆的时间里，她自学了大专课程，取得了教师资格证，当然还有疯狂的阅读。今天，她的梦想成真，不仅成了一名教

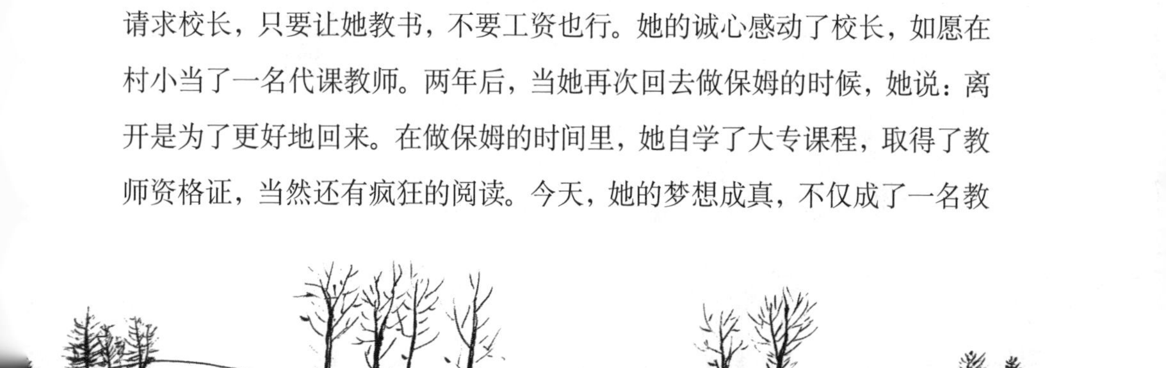

师，还是一名非常优秀的教师。她就像是一只优雅迷人的白天鹅，站在舞台的中央讲述自己的逐梦故事。我想：无论我们拥有的是什么，无论我们处在怎样的环境中，也不能忘了自己的梦想。只要你肯努力，丑小鸭一定会变成白天鹅。

新教育在哪里？幸福完整的教育生活在哪里？它在诗意美妙闪光的晨诵里，它在温馨的共读共写共同生活里。在焦作，就有这样一位充满诗意的男教师——齐加全老师，选择了共读共写的生活方式。这个略显腼腆的男老师站在舞台的中央，诗一样的语言如流水一般浸润着我们的心灵。作为农村学校的一个男老师，他把所有的精力和热情都奉献给了农村的孩子，几年如一日地带着孩子们读诗、读绘本、读经典，几年如一日地为孩子们书写，积累了60万字的成长故事。他带着孩子们行走在读写之间，和伟大对话，和岁月对话，在共读共写共同成长中成为彼此生命中最重要的人。

我特别喜欢郭明晓老师的那句话：书写，不为立传，只为反观自己留下的一个个脚印是否向着明亮那方走得端正；记录，不为扬名，仅图回望自己生命的枝头每一季可有花朵绽放。就是这句话鼓舞着我开始了艰难的书写之路。

这次的培训，她坐在第一排仔细聆听，毫无倦色。她总是那么有激情，深深感染着每一个和她相遇的人，让我们总是忽略她的年龄。回到酒店吃完饭已经7：40，打开手机才想起今天是网师上课的时间，大姐又出现在课堂上为我们上课。我一边参与学习，一边在心中担心，大姐不知道吃饭了没有。一天的活动让我们这些年轻人都感觉累，大姐的身体能受得了吗？9：40授课结束。她又因为上课迟到了几分钟而向我们这些网师学员道歉，要知道为了今天给我们上课，她凌晨三点钟才睡呀。她对自我的严格要求让我敬佩又感动。

去年在我校成为新教育实验校后，就有一个焦作的老师和我对接，他叫李之梅，也是新教育的种子教师、河南教师读书会的优秀会员。之后虽然一直没有见面，但我们一直通过彼此的微信和空间了解对方和对方的学校。幸运的是，这次焦作之行让我们有缘见了一面。从开场前十几分钟的简短交流中我得知，去年他调到了一个新的学校，在那里只有他一个人在做新教育，他在一所农村小学里独自坚守。他和我谈到我们区有大爱精神、有教育情怀的孙局长，还谈到我们爱阅读有智慧的徐校长。此时，作为一个高新区的新教育人，我的内心满是骄傲。一个老师能遇到一个爱教育的局长、一个爱教育的校长，你还有什么理由不好好干呢？我在暗自庆幸的同时，对李老师更多的是钦佩，他在独自坚守的情况下，还把自己的小浪花班做得那么好，班级活动和课程开展得那么出色。我想他所付出的艰辛和努力远非我所想。

走进焦作，我被焦作新教育人的激情梦想和坚守所打动，在不知不觉间，我也从一个新教育的践行者变成了新教育的宣讲者。晚上吃饭时，坐在对面的老师主动和我谈话，半个多小时的交流让我们非常愉快。他们是山东菏泽一个中学的校长和老师。他们并不是新教育的实验校，只是知道新教育，就自己跟着做，想实践一段时间后再申请加入。他详细向我询问了新教育开展的相关情况，我和他们分享我们蜗牛之家的故事，介绍学校新教育的开展情况，因为我真实地感受到新教育带给我的成长和幸福。

张硕果老师说：“生命的意义是什么？生命的价值在哪里？对于这个世界我们真的不能改变什么，每一个人能够改变的只有自己。然而唤醒一个老师就唤醒几十个孩子，唤醒一个校长就唤醒几百个孩子，唤醒一个局长就唤醒成千上万个孩子。新教育所做的这一切，每一个孩子会在乎，成千上万的家庭会在乎，这也许就是新教育人的价值所在。”作为一所农村

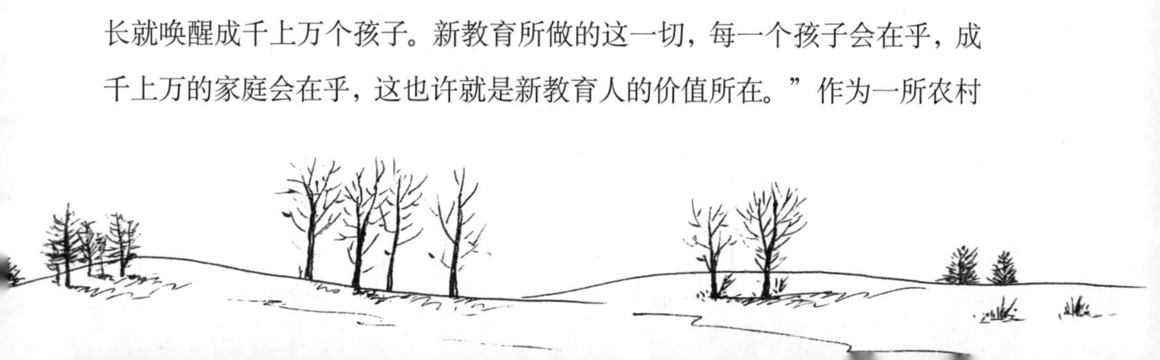

学校，我们没有优质的教育资源，我们的孩子没有良好的家庭教育氛围，和城市的孩子相比，他们更加需要新教育。中国教育的希望在乡村，乡村教育的希望在教师，在我们这些站在讲台上的人身上。我们将最终决定教育的品质，决定千千万万个农村孩子的未来。亲爱的老师们，如果你有一个孩子，你希望他接受什么样的教育？你希望他遇到什么样的老师？我想你的答案就是自己的努力方向和目标。我们高新区有着良好的新教育生态环境，有大力支持我们的领导，我们能给乡村的孩子们带来什么呢？我想这是我们每一个乡村教师需要思考的问题。

正如陈院长在致辞中所说的：我们处在什么样的位置并不重要，重要的是我们要往哪里去；我们曾经以怎样的方式走过来并不重要，重要的是我们今后要以怎样的方式往前走。在今后的岁月中，我们要学习焦作新教育人的榜样故事，向着明亮那方，向着最好的自己，一路携手同行。

遇见，良玉惠心

◎ 党玲芬

和徐良惠校长第一次见面是在郑州新知书吧，河南教师读书会2015年度优秀会员颁奖暨诗会上，徐校长作为年度优秀会员应邀到会。她选择了木心的一首诗，还做了精美的PPT。当她读诗的时候，一种温润柔和的氛围便从她身旁氤氲开来。我在心里默默地说："这是个有着良玉惠心的女人。"

在这之前，我和徐校长有过几次交集。

最初是邀请徐校长在河南教师读书会进行周五分享，她的资料发得最早，态度也是最端正认真的，她选的是李希贵的《面向个体的教育》。当时我不知道徐校长的学校是新教育学校，但从选书来看，觉得她是有情怀的，至少她是希望站在校长的位置能够打造一所有着自己想法的学校，而这所学校的愿景便如北京十一学校一样，可以充满变革，但前提是对学生的发展有益。我觉得我们骨子里有某些相通的气质，于是特意关注了徐校长那周的分享。分享交流中，更证实了我的想法，她说人要有偶像，当然李希贵是她的偶像。我可以理解为这是一种精神的朝向。我想，徐校长的学校应该也如其人，温润而雅致。

后来有一天，徐校长给我留言，说学校老师要做期末叙事，但思路不够清晰，问我是否有叙事方面的资料，让老师参考一下。我们上届学生毕业时做过期末叙事，分四个板块：种子，生长，静默，绽放。串起来的就是我们小学六年的生活，从班级文化建设到班级课程活动，从排练童话剧前前后后到童话剧演出，我整理设计有一万多字的文字稿，但因为只是自己的思考与探索，并不一定符合新教育叙事的标准。我和徐校长做着解释，但她的想法和我是一样的，外在的形式不重要，关键是我们可以带给孩子们什么。我把这一万多字的文字稿发给了徐校长。她很感激，也很谦虚。接着，在新教育研究院院长陈东强的微信公众号里，我看到了徐校长的年度叙事——《四季当歌，且以永日》。那种诗意的表述，从内心深处洋溢着的激情，文字背后透露出的担当，还有一个个故事后的生命新鲜蓬勃的生长状态，以及小蜗牛班叙事讲述中孩子生命的拔节声响，让我更觉得徐校长身上有着某种很神秘的密码，更让我对她的学校产生了一种向往。

诗会上，我和女儿一起读了狄金森的《我要不停地歌唱》。这是女儿上小学时我送她的生日诗，把原诗做了些改动，嵌入了我对她的期待与祝福。女儿清脆的声音如知更鸟，在唱着属于自己的歌，正在努力向着前方飞行。女儿读完一节，我再重复，只是改变人称，对着孩子一遍遍地说：“你要不停地歌唱，即使有一天来晚了，也要相信有时候，早晨不过是中午的幼苗。”这可以算作是新教育中所言的编织。徐校长坐在我的前面，她回头拿起我的稿子，往自己的笔记本上抄，不时问我这里是不是如此，那里是不是那样。从她身上感觉不到校长的姿态，她谦逊好学，这点我从她空间日志的诸多读书笔记中感受得更深：骨子里的某种浪漫，遇见某种执着，任何一些细微的枝节，都能成为发展自己及学校老师的契机，都能很快内化为具有自己生命特质的东西。此刻，我想到的是她学校里的每个生命，包括每朵花，每棵草，都将会是多么幸福。

最美人间四月天，洛阳牡丹争奇斗艳之时，河南教师读书会“带一本书进学校”在徐校长的孙旗屯小学举行。我受徐校长之邀走进了这所学校。我一直觉得这是种注定的缘，虽然之前有些小波折。当转过几个小巷走进孙旗屯小学，我有种故地重游的感觉，但事实上我是第一次来到这里。从和徐校长的几次交集中，我觉得学校一定会是我眼前的这个样子。地理环境并无优势，校园也很小，还有些旧，乍看与普通农村学校没什么不同。只是在小巷中间，在狭窄的街道旁，首先映入你眼帘的是一排鲜红的大字：新教育，过一种幸福完整的教育生活。这一排大字，便是这个学校的愿景，这朴素的校园就因这几个字而丰富起来，正如一间教室一样，无论是窗明几净，还是朴素无华，关上门，就是一个自己的世界，这个世界的主宰流淌在这间教室里的每个生命里。一种信念与愿景让住在这里的人有着共同的方向。

然后就是各种细节，正如徐校长流露出来的气质一样，温润如玉，兰心蕙质。小腰鼓队的夹道欢迎，既彰显了对远方来客的真诚，又让来访者看到了孩子们的生命状态，这不是一日之劳，更不是一种表演。礼仪老师脸上安静的微笑，递到手里的精美书签——正面是孩子的作品，背面是一首与作品相融合的小诗，书香自然氤氲。签名墙，笑脸墙，历史文化墙，操场上铺的彩色垫子，绿色的草坪……站在这里，就是春天；站在这里，心变得很静；站在这里，幸福是一种感觉。如果换个校长，心里无念想，对未来无憧憬，那这里将会被湮没在市井俗世之中。硬件措施是个原因，但喷绘纸、游乐场地垫都能成为徐校长改变校园的宝贝，若没有心底的某种坚持，若没有对学校对孩子的爱，这些奇思妙想一定是难以做出来的。

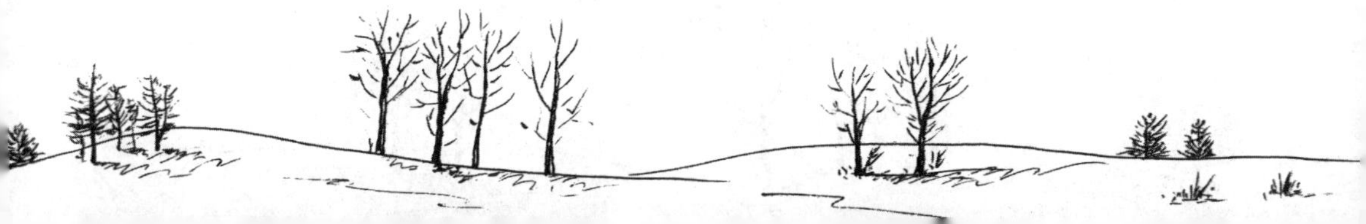

教学楼也不大，但所有的空间都可以做出诗意的展示：抬头是孩子的手工作品，墙上是洋溢着幸福的笑脸，角落里是书吧，栏杆上是花，壁沿上是草，台阶上摆放的是孩子们的手工作品……无论你把目光停留在何处，都是一幅曼妙的图画。我在想，当这个学校的老师和学生漫步在这里，随时映入眼帘的将会是与自己有关联的事物，每个事物后都是一个故事，他们将会是多么幸福。眼中有人、心中有人，才是最好的教育，同理，眼中有人、心中有人的学校，也才是最好的学校吧。

散落在各处的都是书，这是我梦想中学校的样子，或许这也是徐校长心中学校的样子。她是个爱读书的校长，读书之快、用情用心之深让我惊叹。她的书单，除了教育书籍，多是人文书籍，很符合她个人的气质。我总在想，一个校长，经常会被各种繁杂事务湮没的角色，怎么还能具有这样浪漫的情愫？读书笔记经常系列呈现，文字充满感性，同时又充满慈悲，透露着安静与温润。有人说读过的书就会内化为你的灵魂，你的样子就是你读过的书的样子，我觉得颇有些道理。学校不大，书却不少。我带着初一的孩子过去，近两天的时间孩子们都泡在图书室看书。

这天恰好是世界读书日，意义非凡。所有人聚集在操场上，地上是彩色的地垫，身后是绿色的草坪，头上是蓝色的天、洁白的云，树叶的绿鲜翠欲滴，各种野花自由自在地绽开，孩子们为我们系上鲜艳的红领巾。孩子们用清纯的声音朗诵着优美的诗篇，老师们被推上前台，或主持，或展示，或讲述，或安静地笑。徐校长坐在台下，坐在人群中，拍下一张张笑脸，留下一个个回忆，像个孩子似的微笑，笑里充满着骄傲、幸福、憧憬。我猜，她心里一定又在规划着另一段幸福的旅程。

坚持做，让岗位不平凡

◎ 唐雪珍

小小讲台不足方，万里行程耕耘忙。忙碌的日子总是过得很快，不知不觉来到学校已经两年。这两年的工作和生活是充实的，多了那一份坚持，也总会让人有意想不到的收获。

一天，我问学生：“咱们班的加分制度对你们有那么重要吗？”学生异口同声地说：“重要！”我又问：“为什么？这些分对你们来说有什么特别重要的意义吗？”有的学生站起来但欲言又止，个个面面相觑，悄悄地说：“老师，还真不知道。”班里的李美美低声说：“因为能奖东西。”还有的说：“不知道，反正就是觉得不能比别的组少。”是啊，对于孩子们来说，学习也好，积分也罢，他们没有那么崇高的理想和信仰，好玩、有意思、感兴趣就是他们最大的动力。

从四年级开始，班里的加分制度实行至今，我们仍在如火如荼地进行着。最初的原因很简单，只是觉得刚接手这个班，我又身兼数学、英语两门主课，我就想给学生来点新鲜刺激的课堂制度，让学生切实感受到自己的进步。于是，在我们班12个平行小组的基础上，根据学习程度的不同，我把每个小组成员划分成一分、两分、三分同学，三分同学为学困生，但

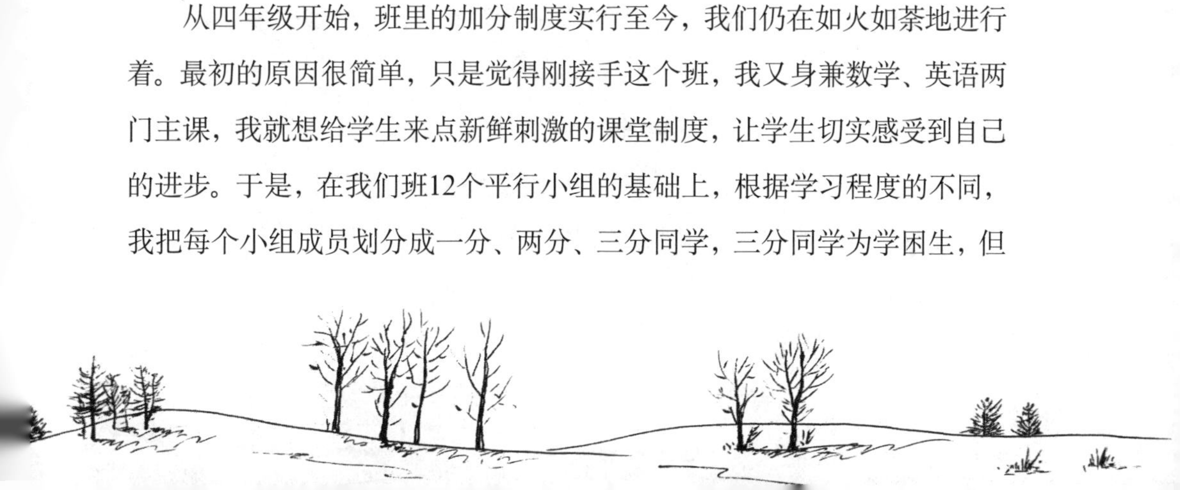

也是最有希望一次加3分的同学，根据平时的课堂表现、随堂作业等情况给学生加分，分数从1分到3分不等。

刚开始学生觉得好玩，我也觉得挺有意思。后来，时间长了之后，每天在黑板上加分、墙纸上评星也比较烦琐，慢慢地我有点懈怠了。有次我刚进教室，第10组的同学就气呼呼地对我说：“老师，不知道谁把我们黑板上攒的分给擦掉了，我们组少了两分。”因为急着上课，我说：“哎呀，不就两分，你们组再挣，相信以你们的实力很快就能补回来。”我话音刚落，让我没想到的是他们组的小阳竟然哭了，要知道这孩子可是我们班篮球场上的小旋风，他的哭让我感到不可思议。我说：“至于吗？两分，大男生还哭鼻子。”小阳憋着通红的脸说：“老师，两分呢！我们组马上就要赶上第三组了，这两分对我们来说是很重要的！”我当时心里一惊，原来这个分数对于学生来说如此与众不同，而我的行为着实让自己感到羞愧不已。这件事令我印象深刻，从那天起，我决定认认真真地执行我们班制定的加分制度，在我们的共同努力下加分制度越来越完善。胡老师建议在教室后墙上开辟一块园地，起名为“你追我赶”，专门用来张贴我们的积分表。我和孩子们一同制作了小树、枝干和叶子，每个小组的成员又亲手绘制了自己小组的名字。于是在满眼绿荫之下，我们的加分制度更加像模像样了。

孩子们的行为永远是最令人感动的。一下课就有人追着组长背书，组长扫地，边上站了个背书的；组长上厕所，边上竟然也有跟着背书的。我看着他们既欣慰又好笑，我说：“娃娃们呀，你们都黏在组长身上了。”学生乐呵呵地说：“赶紧背会，我们组就能加分了。”就这样，组里不管有谁碰到难题，立马就有人站出来帮助他；平时懒惰的同学也变得勤劳了；有时候，我一时没及时加分，学生们就会追着我不依不饶，不加不行。

最令学生期待的事是每个月的评星时刻，我拿出一节课的时间专门用来奖励积分前三名的小组、每小组里进步的和表现特别优异的，还有我们劳苦功高的小组长、副组长，当然还少不了我们的课代表们，基本上每次评星，每个学生都会以各种理由拿到奖励。奖品种类也是各种各样：带星章的作业本、笔芯、棒棒糖、星球杯、各种形状的水果糖，还奖过我饭盒里的小番茄、红樱桃等。压箱底的存货，尽我所能，有什么奖什么，孩子们兴高采烈，我也不亦乐乎。小孩子们并不在意自己拿到东西的好坏、多少，他们愿意得到的是自己努力后老师与同学们的认可。评星一次，清零一次，新的一个月从头开始，每个人都有从头再来的机会。付出总有回报，我们班的成绩与学习状态也在一次次的探索中发生着微妙的变化。

五年级的时候，我们班12组变成了9组，船小好调头。这就面临着以前的组要重新划分，每个小组的人都依依不舍，但又对新的小组充满了期待。此时，五年级已过去大半，我们的加分制度仍在进行着，旧表已满，新表上墙。感谢孩子们的一路相随，感谢胡老师的宝贵意见，感谢教务处李老师每次不辞劳苦地买卡纸、买贴纸。这学期，胡老师说把加分制度推广成班级制度，不仅各学科背书与作业参与其中，只要是好人好事、文明守纪、卫生劳动努力的都加分，还制成班规制度贴在墙上。

有人说："生活着是美丽的，工作着是幸福的。"幸福是一种满足，一种乐趣，一种愉快的心情，也是一种感觉，一种责任，一种坚持，一种恒久的动力。从无到有，一步一步，教育的路上来不得半点将就，我会尽我所能让他们在快乐中学习。每个孩子都是小太阳，你给他一张笑脸，他会还你一片灿烂。我愿做一名教师，无限地热爱自己、热爱学生，保持一份内心的安宁。

相信种子，静待花开

◎ 杜傲男

冰心说过：世界上没有一朵鲜花不美丽，没有一个孩子不可爱。因为每一个孩子都有一个丰富美好的内心世界，这是孩子的潜能。

作为一个年轻教师，我在与学生相处的过程中收获了很多的感动与幸福；在教授给学生知识的同时，学生也帮助我成长了许多。

让学生成为课堂的主人

英语学习上的读背总是让学生产生枯燥的感觉，尤其是复习课，孩子们总认为已经学习过的知识，再听一遍就是多余。于是，很多学生难以集中注意力。但是，复习又是学习过程中十分重要的环节。复习课如何能让孩子们的注意力集中，是我一直思考的问题。

小学英语教材第六课与第十二课一般都是复习课。在讲第六课之前，我决定改变一下授课方式——让孩子们来当“老师”。提前一天我布置了一项作业：让他们自己先来预习Let’s talk部分；等上课时，让他们自己当老师来讲这一课。孩子们听了感觉很新奇，一个个交头接耳，猜测我这是什么意思。第二天上课，我一进入教室，就看见孩子们一个个举着自己

的书，让我看他们的自学情况。我检查了一下他们的书本，发现大多数孩子都在书上标注得很仔细。上课开始，我走上讲台，问：“谁愿意来当老师？”同学们都跃跃欲试。我挑选了一个平时英语成绩不错的学生——小欢。她上台之后真像一个小老师：“请同学们打开课本，翻到第六课。”学生们刚开始还在下面嘻嘻地笑，但很快就进入了状态。小欢不仅讲得很细致，把汉语意思和知识点全都讲到了，而且在讲here的反义词there的时候，还告诉同学们这一组词是副词，这是我在讲课的过程中未曾讲到的。在讲课的过程中，学生们积极性很高，一个个抬头认真听课，并不断地在自己的书上做标注；在提问环节，学生们也都举起手来，争先恐后地回答问题。

下课后我发现，这一节课的效率非常高，学生的参与度比平时我讲课的时候还要高。学生们好像还没有过瘾似的，一个个围着我问：什么时候我们还能再这样上一次课？好多学生都急着来体验一把当老师的成就感。

把课堂交给学生，他们定能为你带来惊喜。

学生给予的感动

除了惊喜，孩子们更多时候带给我的是感动。

记得4月1日愚人节的时候，上午第三节课，我正在办公室批改作业，就听见我们班几个男生嚷嚷着来到办公室。进来之后，几个人七嘴八舌地说什么自己办好事了……等弄清楚事实的真相后，我和梁老师都笑了。原来是孩子们帮助学校搬人工草坪，受到了李老师的表扬，一人发了一本小本子。看着孩子们满头大汗却依然兴奋的脸庞，我感觉孩子们真是太可爱了。“炫耀”完自己的“功绩”之后，他们一个个兴奋地回到了教室。

正好第四节是我的课，我拿着书刚走到教室门口，就听见里面说：等

会儿我喊1、2、3，咱们一起……我想：今天肯定要被这帮孩子给捉弄了。做好心理准备之后，我走进教室，想看看孩子们准备玩些什么花样。刚站稳就听见张博源喊“1，2，3”，紧接着今天受表扬的十几个孩子齐刷刷地站起来，一个个跑上讲台来，把今天的奖品——一本小笔记本，纷纷送给了我。因辛勤地劳动，孩子们累得小脸红扑扑的，还渗出一层层汗珠。看到那一刻我真的被感动了，眼泪差点流出来。虽然这只是一本再普通不过的小笔记本，但上面凝结的是孩子们纯真的爱和尊重。这十几个孩子中一大半是平时比较调皮捣蛋的，我可能会经常地批评他们，但是在他们用自己的努力赢得荣誉的时候，他们却第一时间想到了老师。一时间，我竟不知道说些什么好。我收下了这些本子，在本子上写下了一些祝福的话，又重新奖励给他们。通过这件事，我真正体会到了做一名教师的幸福。

关心欣赏每一个学生

如果一名教师只教学生读书，而不教学生思维，那样的话，书是无法教好的。教育家陶行知说过：你的鞭子下有瓦特，你的冷眼里有牛顿，你的讥笑声中有爱迪生。这句名言告诉我们，作为教师，你要发现每一个学生身上的闪光点。如果老师在教学中能学会欣赏，那他幸福完整的教育生涯就开始了。

欣赏学生缺点，获得学生尊重。其实，缺点只是少年儿童成长过程中无伤大雅的小插曲。还记得带一年级的时候，天真的孩子们总是像小麻雀一样在教室中叽叽喳喳，刚开始搞得我不胜其烦，无论我在教室中怎么批评教育，孩子们总是安静不下来。尤其是班里一个调皮的小男孩，每天都坐不到自己的座位上。有一次上课，他不知道怎么回事，坐在那里一声不吭，也不乱动。我看他挺安静，就趁机表扬了他，因为平时表现不太好，他很少受到老师的表扬。听到我表扬他，他竟然愣了一下，意识到是我在表扬他之后，他坐得更直了，之后的一节课他表现特别好。放学的时候，正好碰到他妈妈，我也在他妈妈面前表扬了他。第二天上课，我刚走进教室，就看到他笔直地坐在那里。从那一天起，我会经常地表扬他，每次听到我的表扬，他都会更加积极地表现自己。从他身上，我明白了赞美的力量。我在教室里不再对孩子们大吼大叫，取而代之的是不断地鼓励和表扬。班里的纪律越来越好，孩子们上课的积极性也越来越高了。我对学生小小的成功和点滴优点的赞美，给了他们巨大的信心和鼓励。教师的赞美是阳光、空气和水，是学生成长不可缺少的养料。

我能给孩子们的只有知识和爱，孩子们给我的却是满满的幸福与感动。相信种子，静待花开。我相信每一个孩子都是一粒饱满的种子，只要老师用爱呵护，用心浇灌，就一定能成长为缤纷的花朵。我为自己是这一片美丽花园的园丁而骄傲。

和你们在一起

◎ 刘文化

我是老师，我是一名语文老师，我和我的孩子们在校园里、在教室里、在阅读中共同成长。

在阅读中丰盈

2014年9月，当美丽的校园又一次逸满丹桂香气的时候，我区加入了新教育实验，我也有幸成为新教育中的一员。新教育究竟是一种什么样的教育呢？带着疑问我迫不及待地阅读了朱永新的《新教育》一书。首次翻看这本书，我就被新教育的理念深深吸引。新教育，意味着一种教育理想，一股教育激情，一份教育诗意，一项教育行动。书中写道：“一个人的精神发育史实质上就是一个人的阅读史，而一个民族的精神境界，在很大程度上取决于全民族的阅读水平。”是呀，在学校就要读书，读书就意味着教育，学校就是一个师生共同读书的乐园。而学生读书的兴趣与水平又直接受教师的读书兴趣与水平的影响。教师读书不仅是学生读书的前提，而且是整个教育的前提。于是，我大量的业余时间被阅读充斥着，我阅读了《最美的教育最简单》《做最好的老师》《来自大西洋的飓风》

《给教师的100条建议》《教育智慧从哪里来》《第56号教室的奇迹》等十多本专业书籍；同时，为了能更好地走进孩子们的世界，我还读了一些儿童书籍，如《绿野仙踪》《夏洛的网》《窗边的小豆豆》等。每次阅读后，我都会写出书面感受，并与办公室同事进行交流，互相学习。

2014年10月份，我有幸成为教育时报社主办的“求实杯第四届河南最具智慧力班主任”20位候选人之一。阳光灿烂的周五午后，怀着对开封菊城的向往，对智慧班主任的憧憬，我校一行12人来到了菊花飘香、魅力四射的古都开封。我深知这是一次充满智慧的盛宴，更是一次难得的学习机会。通过现场演讲、答辩、听众现场投票几个环节，我最终获得最具智慧力班主任优秀奖。同时，从其他班主任的身上我也看到了自己的不足，学到了更多的宝贵经验。我想智慧的班主任首先是爱读书、爱学习的，这也是新教育下的“新教师”首要条件之一。

在诵读中沉醉

当清晨的曙光照亮孩子们的笑脸，我和孩子们便开启了诗意的晨诵之旅。每天的晨诵我都会根据学校编排的校本课程，制订好诵读计划，于是，整个早晨弥漫着书香。美妙的诗歌让我们感受到中国语言的无穷魅力：不管是工整的格式还是押韵的句子，都能让我们犹如发现金子般地眼前一亮，都能让我们像品过美味佳肴般地回味无穷。在晨诵中，我和孩子们浸润在诗歌里，陶醉在文字的意境里，沉浸在道德的濡染里，养成了一种与黎明共舞的生活方式。渐渐地，校本课程编排的诗歌已不能满足孩子们的需求，我又大量搜集适合孩子年龄段读的诗歌来满足孩子们读诗的强烈欲望。我跟孩子们共读了方素真的《明天要远足》、顾城的《毛虫和蛾子》、金子美铃的《我和小鸟和铃铛》《桃花瓣》、高洪波的《我想》、谢武章的《春天》等100余首儿童诗。同时，我还鼓励、引导孩子们对所读的诗歌进行配画或改写，教室的展示墙上贴满了孩子们的一张张作品。学校公开课我精心准备了一节晨诵课，是金波的《不应当只记得》。特别是最后的仿写环节，我利用孩子们身边的事物，如学习用品、常吃的水果和校园中的花草树木等进行启发，收到了意想不到的效果。小海的改写："不应当只记得，校园中的花儿开得这么鲜艳；还应当知道，这是同学们每天浇灌的结果；我们要珍惜同学们的劳动成果。"涵涵的改写："不应当只记得，米饭是从电饭锅里盛出来的；还应当知道，大米是从稻田里长出来的；农民伯伯很辛苦。"同学们写出的小诗虽然没有字字珠玑的美妙，但是粗糙的文字彰显的是诗意童真，稚嫩的笔触写出的是真情实感，他们懂得了感恩。就在当天晚上，小丽的妈妈激动地给我打电话，说孩子在吃晚饭的时候给她读了在学校改的诗，还破天荒地给她夹了菜。我无法用更多的语言向她说什么，只能恭喜她："你的孩子长大了、懂事了。"我想，这就是诗歌的魔力吧。就这样，一首首诗歌浸润着孩子纯真的童心，陶冶着孩子美好的情操。

用母爱滋润幼小心灵

不让一个孩子掉队，让孩子们充实而快乐地生活，让孩子享受校园生活的美好。这是我长久以来的追求。

上个学期，班里转来了一个叫小欢的女同学，她年幼时父母离异，与父亲相依为命。为了生活父亲长年在建筑工地打工，小欢只好跟着姑姑生活，但姑姑家也有孩子，所以她时常遭到他们的白眼。没办法，她的爸爸就带着她来到了洛阳。由于她爸爸四处打工，小欢得不到应有的照顾，每天饥一顿饱一顿，衣服脏了无人洗，就连头发也整天乱蓬蓬的。有一次，预备铃已经响过了，可她的位置上还是空空不见人影，我连忙拨通她爸爸的电话。她爸爸告诉我，早上他走得早，没忍心叫醒她，可能睡过头了，并恳求如果我有空的话，能不能到他家里去看一下，他很担心，因为屋里生着煤火。挂上电话我直奔他家（他家就在学校附近），敲了半天门才开，只见小欢头发乱蓬蓬的，脸红扑扑的，她跟我说头有点晕，昨晚爸爸回来时她已经睡着了。我摸摸她的头，稍微有点烫，我想可能是发烧了。我找来梳子帮她把头梳好，一边梳一边教她梳头的方法。然后我带她到附近的诊所，医生说没什么大碍，只是有点感冒，给她开了药吃下，我这才放心了。

回家以后，我还回想着到小欢家时看到的情景：窄小的一间房，锅碗瓢盆摆了一地，小欢脏兮兮的衣服，乱蓬蓬的头发……于是，我从女儿的衣服里挑了几件第二天送给了她，小欢看到这些衣服的时候别提有多高兴了。他爸爸为这事来到学校专门向我道谢，并告诉了我他家里的一些情况，希望我这个当老师的能帮帮这个孩子。

小欢家庭的这种状况致使她的性格孤僻，不与班里同学交往，上室外课也不去，宁愿自己一个人留在教室里。我问她为什么不愿意跟同学到操场一起玩，她用极其微小的声音回答说：“不想去。”我从她的日记里也捕捉到她思想的点滴，她在日记中说她恨她的爸爸，恨他整天只知道干活，只会给她钱，从来不好好陪她。知道了她的这些想法后，我就找她谈话，态度很亲切，语气也很和善，但效果甚微，我也一直为这事很苦恼。恰巧三八节要到了，我号召全班同学向妈妈献爱心，要做到“三个一”：给妈妈亲手制作一份小礼物，对妈妈说一声“妈妈，我爱你”，给妈妈一个拥抱。布置完作业后，不少同学说第二条和第三条不容易做到，主要是说不出口，不好意思。怎么办呢？我就在班里先进行模拟练习，让同学们把我当成自己的妈妈。同学们都很兴奋，一个接一个地上来与我拥抱，特别是一个叫小马的男同学，拥抱完后我问他：与自己的妈妈拥抱和跟老师拥抱感觉是不是一样？是什么感觉？他的回答是："感觉心里暖暖的。"我听了，心里顿时也感觉暖暖的。就在这时，我看见了小欢，她坐在墙角一言不发。猛然间，我明白了她想要的是什么，她缺少的和想要的不正是这种暖暖的感觉吗？于是我走向她，将她轻轻拉起，拥入怀中，什么话也没说，许久许久……直到听到同学们的掌声，我们才松开，我看到小欢的眼睛里亮亮的，我知道那是欲要流出的泪。后来到了三八节那天，小欢买了一个戒指送给我并亲自给我戴上，还称呼我"老师妈妈"，不过这次眼睛亮亮的那个人是我。我还告诉班里其他同学，玩的时候叫上小欢。就这样又过了一段时间，我发现小欢变了不少，甚至还参加了六一节的演出，对爸爸的态度也改变了，看法也改变了，有时候放学早还给爸爸做饭。看到她点点滴滴的变化，我的心里也感到莫大的欣慰。

我想，对于这些性格孤僻的孩子，我们当老师的要走进他们的心里，要给予他们的应该比其他孩子更多，教给他们与人交往的方法，指导他们学会生活，做个心理健康的人，把阳光播洒在每个孩子的心间。

用书信架起沟通桥梁

有一次，徐校长告诉我，学校要与四川省成都市武侯区双楠实验学校结联谊班，问我是否愿意尝试。我一听，这不就是新教育所讲的"聆听窗外声音"吗？这是让孩子们了解外面世界多好的机会啊！我欣然答应。随后，在徐校长的帮助和支持下我们班和成都市武侯区双楠实验学校三（4）班结成了联谊班。三（4）班的班主任叫张小楠，虽未谋面，但通过与张老师的几次联系得知，他们班的孩子对此项活动很是期待，强烈要求要先给我们写信。当我把这个消息告诉孩子们时，大家异常兴奋，每天都有人问我：“老师，他们给我们写信了吗？”“老师，信什么时候到？”我只能告诉他们耐心等待。之后的几天，孩子们在期盼中度过。终于，小楠老师在QQ中告诉我，信已经寄出。至今我还清晰记得，孩子们把信捧在手中聚精会神看的样子，那情形就好像见了老朋友一般。有的同学看完了自己的信，还互相交换着传阅。从信中，孩子们知道了在遥远的四川有一个和他同龄的孩子每天也会像他一样背着书包走向学校，进而了解了他的学习生活，了解了那个学校，了解了那里的风土人情……这一封封信，激起了孩子们心底要了解外面世界的渴望。紧接着，我指导孩子们写回信，从书信的格式、书信的内容及信封的格式一一做了详细指导。孩子们在回信中谈了自己的学习，谈了自己的学校，谈了自己的家乡。就这样，一封封热情洋溢的回信在孩子们稚嫩的小手中出炉，载着期待与梦想飞向遥远的四川。

事后，祥祥妈妈给我打电话说，这项活动搞得非常好，孩子以前不爱写作文，字也写得不好。可是这封信孩子写得很认真，字工工整整，孩子也有话可说。她希望我们能把这项活动继续搞下去。面对孩子的期待、家长的信任，我还有什么理由不继续前行呢？

用行动引领同伴成长

我们学校教师的平均年龄为35岁，我超过平均年龄13岁，又身为办公室的负责人，所以对年轻教师“传、帮、带”是我义不容辞的责任和义务。学校实行了“青蓝结对”，我有幸收了四个徒弟，不管再忙我至少要听他们每人每月一节随堂课，听完课及时交流，并在听课本上做详尽的记录和评价。对于不理想的课，经过我的指导后重新再上。他们的教案我也会不定期地抽查阅读，在教案上进行批注、修改，提出建议。

年轻教师小琳要到区里参加讲故事比赛，从故事的选材、练习到参赛，我参与了全过程。我们利用每天午休时间在办公室一遍遍地排练，哪一处应该慢一些，哪个人物的言语不到位，我都一一做了详尽的指导。功夫不负有心人，在讲故事比赛中，她声情并茂、动情真挚的讲述让在场的每位教师都身临其境，她最终获得二等奖。

办公室的梁老师要前往五龙沟和土桥沟两所兄弟学校授课，她来找到我说："刘老师，你说我去授课讲什么内容呢？"我思索了一下说："山上的孩子缺少的是对外面世界的了解，如果你再讲书本上的知识，孩子们未必有兴趣，他们渴望吸取一些与课本不一样的东西，要不你教他们手语操《步步高》，怎么样？"梁老师很赞同。接着，我们就从网上找视频，跟着视频学习。果不其然，这套手语操深受孩子们的喜爱。梁老师在后来的授课感悟中写道："山上的孩子很朴实，很有礼貌，这个手语操对孩子们来说似乎有些难，但他们依然学得很认真，一个动作反反复复地练习，认真的样子真是可爱。"

就这样，一个一个的年轻老师在我的帮扶下快速地成长起来。其实他们的成长过程也是我成长的过程，伴随着他们的成长我也在不断地成长。很感谢有这样一群不断进取的教师在陪伴着我！

朱永新教授说："新教育实验是一项细致而长久的工程，需要通过一代人去影响另一代人。"很庆幸，我已经走在新教育的幸福路上。

改变从自己开始

◎ 陈明飞

朱永新教授的《新教育》让我如沐春风，我校的阳光教育理念让我快速地成长。作为一名新型的阳光教师，我要改变自己的教学方式和教育模式，过一种幸福完整的教育生活。朝着这个目标，我做了一些改变。

改变从微笑开始

《新教育》指出：教育应当是幸福的，而我们现在走进校园去看看，孩子们脸上有没有笑容？教师的脸上有没有笑容？如果没有教师的快乐，那就永远不会有学生的快乐。我都不快乐，我会让你快乐吗？

读到这些句子，我马上反省自己：我要改变上课板着脸的方式。于是，我就和学生约定：老师微笑着进教室。只要老师对大家微笑，就请大家坐端正看着我。学生们欣然地接受，并做得很好。现在，我走进教室第一件事就是微笑，看到学生们个个坐得端端正正，我的笑容更自然了。渐渐地，在我微笑地看着他们每一个人时，许多学生的脸上都面带微笑。从孩子们的眼神、笑容中，我读到他们喜欢会微笑的老师。面对微笑，学生的心里是愉悦的、轻松的。老师的微笑就像清晨的第一缕阳光照亮了孩子

们的内心。

长久以来我认为，在课堂上微笑，会使学生不尊重老师。现在想来，那不叫尊重，是怕，还有自己的不自信。现在我要抛开这些不自信，做一名阳光教师，相信自己，更要相信学生。“有行动，就有收获。”我一定要把微笑坚持下去，成为教室里的一道风景线。

改变从等待开始

教师创造井然有序、高效率的课堂方法之一就是表现出对学生的关爱。许多人认为只要是爱孩子怎么做都可以，而实际上爱的前提是尊重。没有尊重就没有真正的教育，甚至会伤害孩子。

一年级的孩子自制力差，5分钟不到许多学生就自顾自玩开了。这个时候，我并没有打扰课堂，大声训斥，而是在适当的时候停下来，对孩子们微笑。这时多数学生就自觉安静下来，对于自觉能力不够的学生，我就轻轻地告诉他：“老师等着你。”他就会安静下来，没有抵触，没有伤害。

“等待”其实是一种爱和尊重的表现。学生得到了老师的尊重与关爱，在课堂上自然会自觉听讲，自然会营造出秩序井然的课堂氛围。回想以前，我对待课堂，大喊大吼，搞得自己很累，学生也很反感。今后，我要改变自己的上课方式，就从等待开始。

改变从示弱开始

一年级学生虽说年龄小，自制力不足，但学生们有时真的很懂事，很愿意给老师帮忙。每天我们放学排路队时，孩子们总是异常兴奋，在楼道里吵吵嚷嚷，你追我赶的。面对这样的状况，我就用比他们还大的声音去“镇压”，但是效果并不理想。今天又一次是我带他们排队出校门，怎么

做才能让孩子们安安静静、稳稳当当呢？“解铃还须系铃人”呀，对，还得靠学生们。于是我很真诚地用商量的口吻和学生们说：“同学们，老师现在有件事情想请大家帮忙，而且我需要你们每个人的帮忙。大家愿不愿意呀？”“我愿意。”“我也愿意。”“老师，什么事？您说吧，我们一定做到。”同学们个个都是热心肠。“马上就要放学了，我请大家排队回家时安安静静地走出校门，行不行呀？”我故意放低声音。同学们居然也煞有介事地拍拍胸脯说：“没问题，老师，您就放心吧！包在我身上。”果然，放学时大家安安静静、整整齐齐地排队走出教学楼，出校门。

原来，老师示弱并不是件坏事，反而能激发学生勇于担当的责任心。

所以我感觉到班主任是一门艺术，既需要有“头悬梁、锥刺股”的精神去学习，又要有失败了会修正、总结再来的百折不挠的韧劲，还要有勇于改变的决心和行动。

对于这些刚刚起步的孩子的教育，不是一朝一夕、一个月两个月就能看出效果的，也不是只靠一个赏识的眼神、一句表扬的话语、一个温柔的微笑就会有所收获，而是需要我们科学地教育和引导。我相信，不是所有的花朵都会结果，但只要开花了，就会有结果的希望；不是所有的辛苦都能带来收获，但如果不付出辛苦，就永远得不到硕果。

蜕变

幸好有你

◎ 王腊云

一晃，自己已从教20年，这20年的风雨历程，带给我几多欢喜、几多忧愁。回顾自己走过的历程，我教学生涯的第一阶段是我工作的前8年。师范毕业后，我就被分配在一个偏远农村小学，在那里我每天的任务只是完成自己的教学工作，除此之外学校没有任何活动，而我呢，也是甘于平庸，不思进取，碌碌无为。回想这8年，感觉时光白白地流逝了。2003年我调入孙旗屯小学，在这里，面临着新的起点、新的挑战、新的要求，一个班级学生人数比以前的学校总人数还多。学校丰富的教育教学活动使我受益匪浅，我在这里逐渐得到了锻炼和提高。在我工作的第19个年头，学校加入了新教育实验，我也在这个教育过程中得到了蜕变和成长。

邂逅，自一本书起

2014年9月，我校成了新教育的实验校，学校要求老师们都要阅读朱永新老师的《新教育》，并且还要进行读书分享。这是我第一次听说朱永新老师，第一次感受新教育一词。为了完成学校布置的任务，我仔细阅读了这本书。在此之前，我只是偶尔看一些小说或者是杂志，基本上没看过什么专业性的书籍，更别说是理论性这么强的书籍。

翻开《新教育》这本书，我就被新教育的理念深深吸引了。在《新教育》一书中，朱永新老师说，“一个人的精神发育史就是他的阅读史”，“一个没有阅读的学校永远不可能有真正的教育”，“没有教师对阅读的热爱，就很难点燃学生的阅读热情”……这些话语使我深感惭愧。是呀，学校是个读书的地方，教育学生就意味着要读书。在工作中，我深感吃力，难以应对，这不就是自己不读书造成的吗？《新教育》中提出教师专业发展的“三专”模式——专业阅读、专业写作、专业发展共同体，这不正是我缺乏的吗？多年的工作让我也深深地感觉到自己最大的短板就是知识面窄、写作能力差，但我总认为数学教好就行了，所以总不以为意。现在我意识到这些都是我在为自己的懒惰找借口，为自己的不努力找理由。书中提出了口号：行动就有收获，坚持就有奇迹。我应该行动了。

改变，从阅读开始

在《新教育》一书的指导下，在学校领导的引领和影响下，我逼着自己啃起一本本专业书籍，先后阅读了《理想课堂的三重境界》《孩子的早期阅读》《致教师》《窗边的小豆豆》《好父母好方法》《怎样教好小学数学》《儿童学习数学的秘密》《给教师的建议》《班主任工作漫谈》《做最好的老师》《为何越爱越孤独》等书。

在阅读方法上，新教育主张知性阅读，要求在阅读中要和作者对话，通过对书籍的聆听、梳理、批判、选择，将书籍中有价值的东西吸纳、内化。我像个听话的小学生，对于每一本书都用心去阅读并及时写出读书感悟。

读完《教师阅读地图》，我明白了一个合格教师的知识必须由三部分组成——本体性知识、教育心理学及职业知识、人文及科学背景知识，而且阅读最终要为教学服务，解决教学中的实际问题，丰富教师的生命。这本书就像一盏指路的明灯，教会我在阅读中有意识地选择各类书籍。

《如何阅读一本书》对我的阅读有很大的指导意义。这本书使我对如何有效阅读有了系统的了解，让我明白了阅读的真正含义，知道如何才能提高阅读的有效性，认识了阅读的四个层次——基础阅读、检视阅读、分析阅读和主题阅读，并掌握了一定的方法。运用这些方法，我阅读了数学大家们的著作以此来提高自己数学专业水平。

读了郭明晓老师的《我是大西洋来的飓风》，我内心受到了巨大的冲击，飓风姐姐已是近六十岁的人了，但她的敬业精神令人敬佩。和她相比，我年轻了许多，我不应该再为自己的不努力和懒惰找借口。书中飓风老师和同事开玩笑说：“越学习越觉得无知。其实，你遇到的困惑，书中多的是解决的办法。”这让我再一次认识到自己知识的浅薄，认识到阅读对于一线教师的重要意义，因此，更坚定了我阅读的信念。

在《这一群有种的教师》中，我发现有很多和我一样的一线教师在年复一年平凡的岗位中工作热情已经消退，但因为遇到了新教育，热情被唤醒，激情被点燃，重新找到了自己的教育理想，享受着自己的教育生活。

读了《爱与自由》《捕捉儿童的敏感期》，我懂得了孩子成长的规律。孩子们成长过程中出现的很多问题都有原因，解决起来更要靠科学的方法，对学生有了更多的宽容和理解。很遗憾，我错过了自己孩子敏感期的教育。读了《做一名智慧的班主任》，我明白了孩子任何问题的背后都有深层次的原因，教师不能简单粗暴地批评，要有一双“慧眼”，要寻根问底，找到问题的症结所在。为了更懂上中学的儿子，我买来《拯救男孩》《懂方法的父母成就孩子一生》等适合家长阅读的教育类书籍。

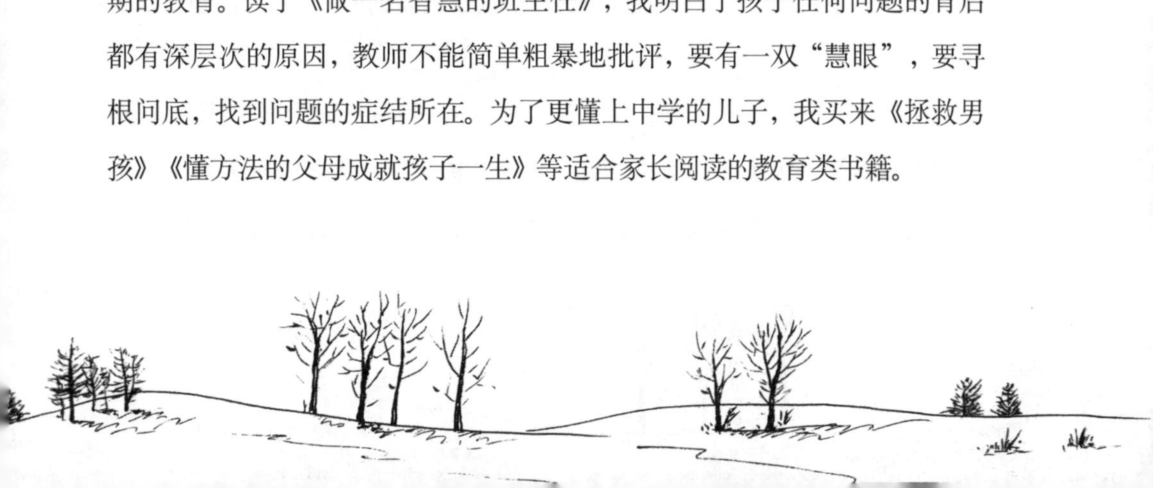

课堂，在阅读中受益

为了更好地理解数学课程标准，把握教学内容，提高课堂效果，提升自己的专业水平，这两年来我阅读了大量数学专业书籍和数学大家们的著作，写出读书笔记，并将学习到的新理念、新方法尝试应用到我的课堂，运用书中的故事来管理自己的学生。两年来，我先后阅读了《义务教育课程标准（2011年版）案例式解读——小学数学》《新课程标准例释——小学数学卷》，以及郜舒竹老师的《小学数学这样教》，阅读这些书籍让我对数学新课程标准有了更深入、更全面的把握，对数学教学有了更完整、更专业的理解。对吴正宪老师的《吴正宪数学教学策略》、钱守旺老师的《教好小学数学并不难》《钱守旺小学教学主张》、张齐华老师的《审视课堂：张齐华与小学数学文化》、华应龙老师的《我这样教数学》、戴曙光老师的《简单教数学》、潘晓明老师的《数学生成教学》等书籍的深入研读，也让我开始关注每节课教学的起点，注重教学中深入地了解学生，合理运用教学方法，在课堂上能有意识地对学生进行学习方法的指导，注重对数学思想和数学文化的渗透，并借鉴书中教学案例设计教学活动。付出总有收获，坚持就能改变。渐渐地，我在课堂上看到孩子们有效地开展探究学习和小组合作学习，看到孩子们进行精彩的辩论。功夫不负有心人。在上学期参加区数学优质课评比中，我所执教的《圆的认识》获得了第二名的好成绩；本学期参加市数学优质课评比，我执教的《认识小数》获得了一等奖。

作为学校教导主任，我在完成教学任务的同时更是想方设法提高教师们的课堂效果。为了提高大家听课、评课的能力，我带领教师们阅读了陈大伟老师的《怎样观课议课》、余文森老师的《有效备课 · 上课 · 听课评课》和《有效教学的案例与故事》。

成长，以阅读为半径

除了阅读，我还积极参加学校组织的各种培训活动。在培训中我有幸见到了一大批以前只在书中“认识”的教师名家，如李镇西、吴正宪、张齐华、窦桂梅等，也有幸见到了许多新教育的榜样教师，如王兮、党玲芬、郭明晓、蓝玫等。2016年5月，我还和区里的许多老师一起远赴成都，参加新教育全国开放周活动，在那里聆听榜样教师的生命叙事，感受他们的教育激情。每项活动结束后我都主动思考，与自己的教学进行联系反思。成都开放周回来后，我在学习感悟中记下这样一段话：一天半的学习让我对新教育有了更深的感悟，并再次感受到教师的职业魅力。新教育是“心”的教育，只有起点，没有终点。新教育的教师有深度的自我觉醒，他们在教学中体验着成长的快乐和教育的幸福。

朱永新老师曾说过：真正的人生，往往是业余时间所决定的。无独有偶，记得在一本书上也看到过类似的话：一个人下班的时间决定了他的高度；一个人如何使用空闲时间，决定了他能走多远。因此，如何有效利用我8小时之外的时间，我也在努力改变。我利用业余时间参加心理咨询师培训，考得心理咨询师资格证。我还利用现代媒体，加入了“有书”微信群与书友坚持每晚的共读活动。我加入蒲公英教育智库举办的蒲公英大学——未来教师在线学院，在网上坚持每月两次的微课学习，了解国内外最前沿的教育理论和教学方法。我加入“洛阳少年儿童图书馆微课堂”群，坚持每周一次聆听孙瑞雪、徐冬梅、曹文轩、窦桂梅、王力波、保冬妮、张鹏、余治莹、梅子涵等全国名家们有关阅读的语音教学……这些都让我受益匪浅。

朱永新老师曾说过：在阅读中你会发现心灵渐渐变得丰盛充盈，新世界之门在你面前徐徐打开。是的，在阅读的浸润中，我的眼界开阔了；在阅读的浸润中，我的理念更新了；在阅读的浸润中，我的行动坚定了。很庆幸，在我的职业生涯中，我遇见了新教育，遇见了阅读。虽然遇见得不早，虽然我的起点低，但我更愿意用蒋长玲老师的这句话来鼓励自己：我并不领先，但我正行进！我并不优秀，但我很幸福！

乡村校园里的别样幸福

◎ 冀向嫩

东流逝水，叶落纷纷。不知不觉，我已在工作岗位上度过了二十几个春秋，做一名“魏书生式”的老师，是我一直追求的教育理想。我一路播撒、一路守望，在乡村学校收获着别样的幸福。9月1日，我笑盈盈地站在学校门口迎接孩子们步入美丽的校园，听到那一声声悦耳的“老师，早”“老师，您好”，此时，我是幸福的；9月2日举行开学典礼暨新生入学仪式，当一年级新生和爸爸妈妈手拉手穿过智慧门，来到快乐树下印上小手印时，我看到他们的眼睛特别明亮，此时，我是幸福的；9月6日，我带领我们班的小不点儿，在绿茵场上分享假期生活相册，孩子们天真、奔放、快乐的笑声滋润着我的心扉，此时，我是幸福的。每天，伴着清晨的第一缕阳光走向校园，看到“过一种幸福完整的教育生活”几个大字时，我总会欣然一笑，因为我明白，这就是我——一个教育工作者追求的目标。

2015年我参加洛阳市智慧教师评选，在全市100名优秀教师候选人中，一举进入前20名。当我手捧着这张沉甸甸的证书时，我感动于阳光家人的齐心协力，感动于退休老校长的四处奔走，感动于老父亲蹒跚的脚

步，感动于家长、学生的付出……这一切让我体会到做教师的幸福，感受到肩负的重任，更坚定了当一名优秀教师的决心。

我是一名普通的老师。我清楚地知道，我的幸福来自我的学生，来自我的课堂。课堂是我“习武”的阵地，“练靶”的战场。“学生当班主任”“学生上课”“学生出书”等是我治班有效的法宝。在全乡20次测评中，18次第一名的成绩，让我收获满满！

“锲而不舍，金石可镂。”几十年如一日，我走进教室的第一句话就是“孩子们，你们辛苦了！”学生马上应和道：“老师，您辛苦了！”然后我们相对一笑，温馨、自信的一节课就开始了。在紧张复习的日子里，由优秀班干部组成的“智囊团”，找题、出题、讲解、批改……有时候，他们成了我的老师。记得那年，母亲重病，我学校、医院两边跑，一边是病危的母亲，一边是即将毕业的学生。无助的我好几次在办公室放声大哭，而到上课时间，我擦干泪依然走进教室。孩子们心疼的眼神让我铭记，孩子们拼搏的劲头让我欣慰。那一年5月，至亲至爱的母亲走了，6月，我们班迎来了全乡统考第一名的好成绩。那时的我，真是百感交集……

在和学生共舞的日子里，我的心也荡漾起来，于是我拿起笔，记录下自己丰富多彩的生活，记录下师生共享教育的美好瞬间。从去年接手一年级开始，晨诵、暮省成了我和孩子们交流的方式，他们的笑语欢颜在我笔下熠熠生辉。我把每天记录的“小不点成长记”念给他们听，他们听着自己被赞扬，被夸奖，兴奋之情溢于言表。春风化雨，润物无声，书写的美好就这样一点一滴浸润到他们的精神世界之中。晨诵、午读、课间、自习课，他们都会自觉从书柜、书包里拿出自己喜欢的绘本、故事书、诗歌细细品味。随着时间的推移，他们也慢慢爱上习作，二年级孩子的日记竟能写上四五百字。

郭明晓老师说："书写，不为立传，只为反观自己留下的一个个脚印，是否向着明亮那方走得端正。"几年的积累，我共写日志600多篇，整理打印装订出《我的教育故事》《小不点成长记》《学生优秀作文集》《班主任教育叙事》等有关教育生活的书籍。虽然稚嫩，但回味着和孩子们成长的历程，幸福之感油然而生！

西方有一句谚语："教育的本质，不是把篮子装满，而是把灯点亮。"在行进的路上，我用美好开启黎明，用智慧收获夕阳，用爱心点亮孩子们渴求知识的明灯，在一间不大的教室里炫出了属于自己的精彩！

金秋十月，桂花正在悄然绽放，沁人的浓香把我团团包围，一缕金色的阳光照在校园简陋的空地上。在这儿，正展开着一场属于真正儿童的足球赛。看着他们黑黢黢的脸上淌落的汗水，望着他们一跃而起的风姿，幸福之感再次袭来……

牡丹花开时节，看新教育的花儿

◎孙　红

四月是牡丹花最美的时节，眼前是刘禹锡诗里描写的“唯有牡丹真国色，花开时节动京城”。想起牡丹，是因为在四月加入河南读书会，在读书会里相遇了很多的新教育熟人。加入读书会最初是因为郭老师的推荐，后来联系了徐老师，他们都说读书会是爱书者的聚会，我可以参与。其实，自己的阅读很浅，有些犹豫，不过也很想学习，于是就加入了读书会。在群里，经常看到网友“三水”推荐的儿童诗，党玲芬老师群里的各种活动安排。自己只是个听众，因为那么多的专业书籍于我很陌生，那就慢慢学习吧。后来看到了读书会组织的“带一本书去学校”的活动，看到了读书会的老师们精彩的朗诵。每周五有读书分享，感觉那些分享好专业，和自己的距离挺远的。我只是看自己的书，每月提交自己的读书笔记，想着自己的收获，也许就是听听别人的观点，让自己的思维能够再发散些。

没想到，有一天看到徐老师的留言，4月有一次活动，“带一本书去洛阳”，邀请我参加。经常看徐老师的微信和她的叙事，对于她的新教育实践，真的很欣赏。有这样的机会，当然不想错过。于是，我就在群里报

了名。说心里话，我是一个很怕出远门的人，我的生活圈半径很小，最远距离就是三年的师范生活。一个人去洛阳，对于自己，也是一次改变。对于别人可能是一件很轻松的事，对于我，却很纠结。其实，我的确是有些笨，尤其是适应能力有点差。外面的世界虽然很精彩，可是我对外面的世界却明显地了解不多。去洛阳参加读书会，我很期待。

我一到洛阳，徐老师就安排他们学校的老师来接我，这样的待遇让我有点受宠若惊。坐在车上，透过车窗看洛阳，路边高大的树木让你感觉到城市的历史感，好喜欢这样一种园林般的城市感觉。这样的城市，让你感觉到舒适，而不是喧嚣。有种感觉，这样的城市适合拿一本书坐在树下，或者与一两好友漫步树下……这是一个适合生活的城市。

第一天晚上，我见到了徐老师，很熟悉的感觉。还有他们学校的几位老师，每一位都非常热情，谈吐儒雅，给人的感觉像阳光一般温暖。在那次晚宴上，我见到了读书会的很多老师，虽然初次见面，很陌生，但是却很亲切。这可能是一种书籍浸润的气质，相同的爱好，会有些默契。在初次的交谈中，也听到他们谈到新教育，聊到自己在教育中的想法，感觉每个人都在说自己教学中真实的事，不是套话，不是虚伪。我喜欢这样的交谈，虽然不熟悉，但是能敞开心扉，因为没有禁忌。网络让我们相识，书籍让我们会聚。我们是最熟悉的陌生人，我是第一次参与这样的活动，却感觉到每一位活动参与者内心的热情。

第二天，我们到徐老师的孙旗屯小学参观，开展读书会的交流。早晨一行人步行去孙旗屯小学，从宽阔的城市街道，走到了城乡接合部的小街道。周围的街道上，有城市的高楼，也有乡村的土地，还有商铺外摆放的货物，让人感觉有些杂乱。就在这些街道中，三拐两拐，我们来到了孙旗屯小学。来之前，我在网上查过这个学校，学校的前身是个私塾。接我的杨老师说，他小时候就在这个学校上学，20世纪80年代的三层教学楼在当初也是相当的风光，而且所有学生免学费，听着都让人羡慕。但是风光的历史在今天也是它发展的局限，它没有新建教学楼的大气。来到学校门口，最先映入眼帘的是教学楼上“过一种幸福完整的教育生活”的大字，学校门口是学校腰鼓队的小学生们。走进校门，热情的教师们，给我们送上孩子们制作的精美书签，上面是最富童真的诗歌，新教育的浸润可见一斑。接过书签，右手边是漂亮的签名墙，上面写着“带一本书去洛阳——河南读书会‘带一本书去学校002’”。徐老师的细心安排，让人感动。

参观学校，听到了学校小解说员的精彩介绍。洛阳是十三朝古都，每个朝代的著名历史事件或建筑都被制作在墙上，浓重的历史感扑面而来。在孩子们的带领下，我们看到了他们共同制作的学校吉祥物，那是孩子们最美好的回忆。走过一面绿墙，徐老师说孩子们爱在这里爬墙，因为怕孩子们受伤，就将绿地毯铺墙上。墙外的石榴枝伸过来，徐老师说，孩子们能在石榴熟时摘几个石榴尝一尝，伸到墙里的是赠送，不能算偷。邻里之间，这也是一种和谐吧。走进教学楼，到处是孩子们的作品，走廊上方挂着孩子的绘画作品，墙上张贴的是孩子们的写绘作品。那些童真的作品，让你应接不暇。楼梯角落里，是图书角，精致的书架，长长的小凳子……你能想象到课间、午后坐在这里看书的小孩子们沉醉其间的美妙。读书也要最舒服，这样的设计让读书成为一种享受。

走出教学楼，在教学楼的后墙上，我们看到的是教师们的风采，每一位老师都用爱心书写着自己的教学生活。那些朴实的文字让你好感动，真实的生活才最能吸引你的目光。后面的一栋教学楼更精致，栏杆上，创意的水暖管道铺设成花坛，听徐老师说前一段时间金灿灿的迎春花开时，那才是真正的美啊！这样创意的设计，真的是把春光留在栏杆上，美丽、安全，一举两得。这样美的学校，怎么不叫学生喜欢呢？教师的办公室，很人性化，诗意的名字，美丽的照片，有家的感觉。每一位老师的脸上都洋溢着阳光般的笑容，那是一种认同感，对于自我和学校的认同感。我感觉到这个学校最大的魅力就是人的魅力。学校的操场和空地都不大，没有露出的土地，空地、操场上铺设了彩色的塑料镂空板，看上去很整洁，最大的好处是，孩子们可以随便玩，不担心磕碰，不担心弄脏衣服。这些还不是亮点，最大的亮点是塔松下围着的木椅，多么人性化的设计，孩子们玩累了，能坐着歇息；老师们下课了，能在树下乘凉。在学校，你不管转向哪个角落，都能看到文化的痕迹，到处都是孩子们的作品。每一面墙都是不同的风景，每一处角落都有精美的设计，每一个细节都有意想不到的惊喜，就像每个孩子灿烂的笑容，就像每位教师脸上洋溢的幸福。满眼都是创新，这所学校以她浓重的历史和精致的细节，让我们感受到新教育追求的幸福生活。新教育追求的是师生生活的真实存在感，当你把生活和文化编织在一起，你就能感受到别样的幸福。

读书会的开启仪式上，师生们用热情和精彩的表演，让每一位在场的老师和领导都报以热烈的掌声。我看到了，这些可爱的孩子在新教育中收获的快乐和成长。读书会的发起人代编辑认为，作为教师，读书可以让你保持自己的真心。参与的嘉宾们也都表达了自己对于读书的见解。开启仪式在诗朗诵中结束，然而，那诗意一直在空中弥漫。

在多媒体教室里，我们听了几场精彩的分享。第一场是班级课程分享，学校的教师向我们展示了他们开展的新教育课程。我比较欣赏的是他们的绘本课程的开展以及童话剧的表演。其实，最打动我的是每一位教师都各有特色，他们都用自己的行动实践着新教育。第二场是党玲芬老师的完美课程的分享。我其实是一个不太喜欢记录的人，所以我能回忆的都是自己印象比较深刻的内容。党老师开展新教育，像是一个人的独舞，没有学校的支持，只因为自己的执着而开展得如此精彩。不难想象，她的坚持需要多大的勇气，而且，她能用自己的坚持换来家长的支持，让每一个孩子在教室里留下自己最美丽的成长痕迹，让教室成为孩子们念念不忘的地方。第三场分享是徐文祥老师的分享，徐老师的多才多艺给我留下深刻的印象。听徐老师谈他的经历就像讲别人的故事，听他讲自己第二次进入学校，最大的感触就两个字“珍惜”。这两个字真的让人感动，什么会让人珍惜？因为曾经失去过，因为太过于喜欢，因为对教师这个职业的热爱。我这样评价徐老师，很有个性，敢于做自己喜欢的，读书让他具有深厚的底蕴，才让他在教学中游刃有余，而且能做得比别人更超前些。他的学生，能写小说，能出书，真的是奇迹，在我看来，这些奇迹都源于徐老师的引领和激发。在三场分享中，他都谈到了阅读，因为这个日子比较特别，是4月23日——世界读书日，每一位教师都提到了对自己影响较大的书籍。阅读，真的是改变一个人代价最小的方式，而且是收效最佳的方式。

最后的活动是读书会的读书交流活动。每一位读书会成员介绍自己推荐的一本书。参加活动的有二十几位成员，介绍的书籍种类真多，有教育专业书籍，有哲学类书籍，有文学类书籍，有摄像类书籍……每一个人都从自己阅读的角度推荐了书中最精彩的内容。听了他们的推荐，真的感慨书籍的丰厚，书籍真的无私地为我们展示出精彩的世界，如果不读书，我们的生活真的太单调。人的一生何其短暂，书籍让我们的世界变得丰富多彩，我们才能有幸走到别人的世界中去。无形之中，我们的生活变得宽广，我们的时间得到了延长。也许，我不可能把每一本推荐的书都认真地读一遍，但是，我对于阅读的理解有了不小的变化。

带一本书去洛阳。这是一次偶遇，却遇到了最美的新教育花儿；这是一次邂逅，却给自己留下了最美的记忆。听徐老师说，几天前的雨催落了洛阳牡丹的繁华，我们没看到富贵的牡丹如何惊艳京城。但是，在洛阳，我们看到的是比牡丹更艳丽的新教育。不虚此行，我这么不爱出门的人，有这样的一次远行，有这样的收获，真的很开心。我真的感觉到：读万卷书，不如行万里路。行走在路上，有美丽的风景在路上；和同路人相遇，有交流的感动在心头。

生命在敬畏中绽放

◎ 徐文祥

4月23日世界读书日，我来到了洛阳高新区孙旗屯小学，参加了河南教师读书会“带一本书去学校”系列活动。在这里，我感受到的是一个“小”学校的精致与内涵。且不说校园温馨的文化氛围，处处留给我们深刻印象的细节足以让人感动。操场边的两个阳光宝宝、那一面由绿地毯贴着的墙壁、廊道楼梯里展览的种种教育成果和顶上空间的利用及布置、洛阳十三朝历史的剪纸塑画、教室前护栏上管道里种植的花草、干净清新雅致的厕所文化、开放式的阅读书架等，这不是小小的点缀，而是全校师生辛勤奋斗的成就。

我对这所学校并没有深入的了解，但是，我却通过这次活动感受到了他们的团结协作和细致，管中窥豹，真的感受到了孙旗屯小学师生那种对教育的情怀。

下面是我切身体验到的几个方面的细节，处处都是感动我的用心之作。

为了这次读书会活动，孙旗屯小学提前两个多月就对我们发出了邀请，一个多月前就开始准备，多次修改方案，丰富活动内容，细致周到地向各个方面征求意见。在3月底的时候，我去周口郸城参加活动，学校专门派了夏远馨四位老师和我一起探讨了诸多问题。

当我和其他几位老师因为坐车到达洛阳的时间已经不早，学校安排了多路接站人员，从不同的方向让老师们尽快地赶到。这让我们有一种宾至如归的感受。

周六一早到学校，门口早已经有两排身穿校服、挎着腰鼓的孩子和几位接待的老师等着了。他们的鼓声响起，我们感受到的是无法言说的感动。

走进校门，一个高大的铝合金架子上是一面浅绿色的幕布，每一位参加活动的老师都要在这上面签字留念。每一位签字的老师都在这个位置留下了自己的身影。这是一道亮丽的风景，也是一种对活动意义的珍藏，更是今后挂在校园墙上激励师生的一个醒目的提示，会让读书活动影响更持久。

在签名的同时，迎接的老师给每个人发了一组系在一起的书签。别小看这一组书签，徐校长说，他们每一组都是按照序列排好的。我之后打开看了，七张书签，竟然每样一个颜色，没有重复。用心之细，可见对工作的认真态度。

在走进校园的时候，十几张画架上支起了读书会、主讲人和学校骨干老师的介绍，图文并茂，制作精美，介绍完备，促进了交流和彼此的认识。此前夏老师还专门给我要了几张照片，用心之处，令人深为感动。

老师基本功展示墙上，每周都会有老师们的粉笔字，这次统一写了一句话——带一本书“来”洛阳，而对于读书会来说，主题则是“带一本书‘去’洛阳”，这一“来”一“去”，表达着不同的身份，更表达着不同的情感。来去之间已架起了友谊的桥梁。

一个周末，不仅有全校老师参与的活动，还有读书日的读书活动启动仪式，这是我不曾想到的，尤其是在校园里设了一个会场，全体老师，还有部分学生都参与了，然后才是讲座。

开幕式上，前排就座的嘉宾由小学生们戴上了一条条崭新的红领巾。那一瞬间，我们感受到的不仅仅是感动，更多的是幸福，仿佛回到了童年。教育，不只是老师带给学生知识，同样，我们也要在感受同行和学生的行动中被教育。

启动仪式结束后，是半小时的参观时间。我感动于那些在校园里静候的小导游，从他们提前准备好的校园文化介绍导游词中，我听出了他们的自豪，感受到了他们的能力。我发现每一个带着参观队伍走过去之后的小导游旁边还有两个小朋友站着不动，我问了一下得知，每一个站点上都至少有三位小导游，他们考虑到的是为让分批次流动参观的每一组老师都能及时地接受孩子的介绍。如此的细节，我心中顿时涌起一股暖流。

在展示学校的成绩环节，我看到了那么多年轻的教师用心、用情地去追寻自己的梦想，他们和孩子展现出的是青春朝气，更是无限的美好未来。他们坚守在教室里的每一个角落，朝向自我卓越而努力。我看到了，每一个教室里都留守着一位老师，接受参观者的咨询，介绍自己班级的文化特色，还有几个小朋友陪同，自觉地把教室里认为不满意的地方再次进行整理。那一瞬间，我的心里是满满的感动，虽然只有交流的三言两语，我不知道他们每个人的名字，记不全他们班级的名字，但我感受到了每一个老师都在默默坚守着。

我不能说我的眼睛发现了所有，上面那些只是我所能留意到的细节，我所观察到的仅仅是很小的几个侧面。

这一天，我发现的满是美好，如果我还以为自己这些年在教室里做出了点什么，在这里我却感到了惭愧，因为他们每个教室都比我的教室优秀。我做的只是一个教室，他们却是一个学校。他们给每个人心灵上都种下了温润与善良的种子，也必然会让每一个生活在这里的人朝向美好。教育，就应该是为人服务的，所有的一切都指向了人，也就指向了生命本身。这才是他们这个团队共同坚守的信仰。

我知道，他们很累，很辛苦，但是，每个人脸上的笑容让我感受到的是对这所学校的爱。这是一个优秀的团队，这是一个令人感动的团队，他们的协作，他们的努力，定然会让学校走向无限的美好。晚餐时，天降细雨，春天的凉爽荡涤去了所有的尘埃，空气清新，泥土清香，我想说：孙旗屯小学不一般，天降细雨落人间，要问这是为什么，教育的情怀感动天！

带着理想，上路

◎ 杨淑金

教育是一项事业，事业的意义在于献身；教育是一门科学，科学的价值在于追求；教育是一门艺术，艺术的生命在于创新。

每个人都有一定的理想，这种理想决定着他努力的方向。带着对新教育的憧憬和追求，这个学期我来到孙旗屯小学。时间飞逝，转眼间一个学期匆匆而过。

学校安排我担任六（4）班的班主任兼语文教学。本想着对于我这个有着十几年教龄的“老教师”来说不算什么，但是随着新环境的变化，学校对“新教育”教学模式高标准的教学要求及学生成绩水平的参差不齐，我感觉什么都需要重新适应，需要尽快进入状态，身上的担子一下子重了。

这一学期，从新学校、新环境、新领导到新同事、新家长、新学生，一切都是新的，一切从零开始，自己感受到的是无比的压力、紧张和忙碌。但是在领导的关心和同事们的帮助下，我收获和成长了许多，令人欣慰、快乐。

携手班级人文管理，共同朝向完美

班级文化就像一首乐曲，谱写了学生成长的足迹；班级文化就像一阵绵绵细雨，滋养学生的心灵；班级文化就像一把金钥匙，开启了学生的心扉。我深知班级文化建设对学生的思想引领、健康成长起着举足轻重的作用。因此，在班集体建设中，我与学生共同创造了适合自己的班级文化，用文化来塑造我们的心灵乐园。

9月份，学校开展“缔造完美教室”的评比活动。班级里的孙梦飞、孙艺婷、潘新宇、杨佳蕊等几个心灵手巧的女生各自发挥自己的特长，只要有课余时间就积极主动地开始剪剪、画画，主动承担起布置“完美教室”的任务。班级是同学们展示的舞台，我们就把教室可以利用的角角落落开辟出来，如中秋节专栏、暑假作业展示、读写绘专区、温馨小窝、智慧林等。经过大家别出心裁的设计和整理，教室顿时温馨不少。

我还让同学们收集废旧书本、饮料瓶等，变废为宝，为班级购买花盆，种上绿色植物，使教室充满勃勃生机。通过活动，同学们各自发挥了特长，增进了友谊，班级大家庭的气氛更加和谐与团结了。

在交流互动中成长

自新教育实施以来，我们学校成了高新区的名片，每年都有不少同行来参观交流。

对于新教育，我只是读过几本相关的著作。至于如何在自己的工作中具体操作、实施新教育，对于刚接触新教育的我来说，真的是手足无措。每当有参观团、检查团到来，我就担心会来到我班教室，担心给学校抹黑，真是“压力山大”啊！当校领导知道这种情形后，借三门峡老师来参观之机，把我们几个新来的老师一起叫过去参与交流。在交流过程中，徐老师和胡老师的汇报使我受益很多，我开始了解新教育的儿童课程。“飓风大姐”郭明晓老师来高新区调研，又给我们细致解读了《新教育的一年级》的具体操作流程，使我认识了新教育中开发的一系列卓越课程。有了新教育丰富的理论基础，我对学生的晨诵、午读、读写绘等教学方法及教学目的有了更清楚的认识，开始在自己的“田地”里实验。学生有了上一个学期的基础，尤其是在写绘、读书推荐方面，可以说样样在行。

在阅读中破茧成蝶

新教育下，多种多样的读书形式既调动了学生的读书兴趣，又提高了学生各方面的能力和素养。学校给每个班配发的图书有上百册，加上孩子们自己的书，一个学期下来，他们人均读书最少5本。有了书的陪伴，孩子们课间追逐打闹的少了，最美读书身影层出不穷。这就是新教育倡导的营造书香校园的魅力。

在读书节的系列活动中，学生们积极参与，制作书签和读书海报，展示推荐自己喜欢的图书。在班里举行的朗诵活动中，他们分组合作积极准备。我们先在班内海选，然后选出6组进行决赛，最后孙艺婷、潘新宇成绩突出，参加了学校的总决赛。这一切都与她俩平时的付出是密切相关的。从选材、背景音乐，到背诵、表演，她们都是那么用心；放学了，同学们走了，她们会主动找我辅导，听取意见，练习手势、表情、语气语调等。听她们不厌其烦地朗读，看她们对自己的严格要求，我由衷地佩服！这就是读书的魅力。

读书不仅仅是读死书，还要把书读活，学以致用，课本剧就是很好的例子。为了演好课本剧，只要有空，同学们就会到操场上练习，从台词到神态，从每一个舞蹈动作到表情和站姿，无一不进行严格的练习。在我的指导下，孩子们练习得非常认真，不管天气多冷，不管刮多大的风。每次站在窗边看到他们一遍又一遍地排练，我的内心也非常感动。只要孩子们愿意做的事情，他们会想尽办法，老师需要做的只是给他们提供这个机会和平台。这正是新教育中无限相信孩子潜能的体现！

新教育对教师的综合素质要求更高，在今后的教学工作中，我将更加严格要求自己，开拓进取，在新的学期取得更大进步。孩子们的生命，就如同无数个不同的种子，将在我们这间叫作“梦想乐园”的花园里，经由我的精心呵护，经由我的浇灌，而最终亭亭地开放于阳光最明亮的地方。

师生共舞 享受教育的美好

◎ 郭文豪

教育，需要用心坚守；教育，不能轻言放弃；教育，要用爱心传递！

我深知，作为一名年轻的语文教师，需要的不只是热情，还需要语文教师的职业素质和对孩子们的关心。因为教师在教学过程中起到的作用十分重要，不能用蛮力来对待孩子们，要用慈母一般的关爱来呵护每一个孩子。

在这个北风呼呼的寒冬季节里，我结束了半个学期的教学工作。时光匆匆，和孩子们已分离了五天，翻开相册，思念更是涌上心头。从9月1日见到他们，我的内心貌似比他们还忐忑、害羞，可是表面却无比严肃，在和孩子们交流一会儿后，还好，孩子们喜欢我，随后留下了第一张印记：整齐的校服，天真的笑容。

9月中旬，王主任给我分配了一项工作，就是让我每周五下午教七彩社团的泥塑课，我毫不犹豫地接受了。说句实话，画画是我的专业，可是泥塑……可是我想，我的接受能力、理解能力一定比孩子们快，就当是自我锻炼、自我提高的机会吧。想起徐校长说过，拒绝别人给你的每次机会，就是在拒绝自己的成长，所以我更肯定了我的决定是对的。

金秋十月，社团孩子们给我的惊喜一波接一波，他们的动手能力、想象能力和创造能力，让我惊喜之余又使我钦佩。同事们说：“孩子们做得真漂亮，还是文豪教得好哇！”我说：“真的不是我的功劳，是孩子们棒。”其实，我能做的就是不去拒绝孩子们的每一幅作品，不抹杀每个孩子的创造力，告诉他们：“只要是你们用心去做的，老师都喜欢。”孩子们牢牢地把这句话记住了，我和他们成了好朋友。

学校生活多姿多彩，不但有丰富的社团活动，还有每天与黎明共舞的晨诵、伴随午后阳光的午读、劳逸结合的阳光大课间、丰富多彩的读写绘，这些活动不但丰富了孩子们的学习生活，更拉近了我与孩子们的距离。

作为一名入职不久的老师，我的经验非常不足，孙老师对我的帮助很大，让我受益匪浅。在上课期间，我发现孩子们对枯燥的阅读方式并不那么喜爱，于是，我决定用课件，在中间加入了动画、色彩。第二天上课，打开课件，孩子们都瞪大双眼聚精会神地听讲，我成功地吸引了他们。半个学期我制作了四十多个课件，这些付出换来了孩子们的爱。课间我和孩子们打成一片，和他们一起踢毽子、跳皮筋、打篮球。孩子们的这种行为，让我深深地感动，这种亦师亦友的关系不正是师生间最好的默契吗？

12月，学校迎来了沐浴书香的读书月，在此期间，我为孩子们编排了课本剧《孟母断织劝学》。因为需要排练，主演的孩子每天放学后要多留一节课时间，可他们并没有一丝抱怨，都积极排练、背词，细心地听取我的建议。很快节目就成型了，不但效果很好，而且孩子们从中也感觉到了父母的良苦用心。随着读书月的结束，平安夜悄悄地来了。一早到校，孩子们送来了平安果和美好的祝福。下午，我给孩子们讲了平安夜圣诞节的由来，孩子们用好奇的眼神看着我。随后，我们分享着平安果的美味，享

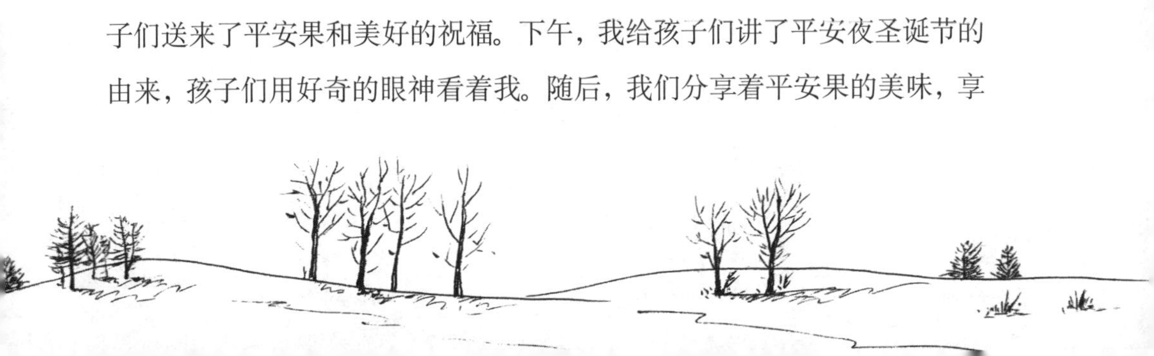

受着师生情谊的美好瞬间。

随着时光流逝，半个学期的工作就要结束了。在年终的述职报告中，我荣获了“最具奉献奖”。能够得到这份殊荣，我感到很荣幸，心中除了喜悦，更多的是感动。得到了这种认可和接纳，我觉得自己融入了这个大家庭，我知道自己做得还不够，只是尽自己最大的努力做好自己的工作。在今后的工作中，我会更努力，做最好的自己!

回忆满满，收获满满，期待开学与孩子们相遇……

寒假结束，迎来了孩子们的开学第一课，我决定带着孩子们感受春天的气息。进班我问他们现在是什么季节，都有什么变化。孩子们七嘴八舌地回答着，这时，我放起了《春天在哪里》的音乐，孩子们欢快地唱了起来，我也不由自主地跟着哼唱起来。歌曲唱完后，我觉得不能只有理论没有实践，便带着他们去操场上感受春天，看看谁能最先发现春天。走到花坛前，孩子们细心地弯下腰开始观察，一会儿，就有孩子告诉我，他们看见了绿芽，看见了花苞。有一个细心的男生说：“老师，我发现了，冬天干枯的叶子是硬硬的，而现在春天长出来的新叶子是软软的！”我对他伸出了大拇指。孩子们在实践中的观察，令他们受益匪浅。小娃娃们长大了，就像是我们的班名“小草班”一样，坚韧顽强，茁壮成长！通过简单的观察、体会，孩子们从以前没有观察过的事物中学会了用心观察身边的事情，做一个处处留心的孩子!

作为教师，我们都应该有自己的梦，都应该给自己一种挑战自我的勇气、一种超越自我的精神，教学生一些一辈子真正有用的东西，让他们沐浴着阳光，怀着梦想，向着明亮那方前行!

与幸福同行

◎李　冉

生命，总在天空与大地之间。生活，总在理想与现实之间。

我们追寻着，或许，已是满心疲惫，正在坚持与放弃间挣扎……

我们相信着，或许，已然疑窦丛生，正在叩问与麻木间犹豫……

我们行动着，或许，已经伤痕累累，正在前行与退缩间徘徊……

不难发现，成长的路上并不拥挤，就看你是否愿意发芽成长。踏上新教育的这条路，我便与所有的新教育人一起并肩前行。

2014年，“新教育”来到了我的身边，从此我的生命也发生着改变。“过一种幸福完整的教育生活”，“幸福”“完整”多么美好的文字，在悄然不断地唤醒着我的成长自觉，让我踏上了新教育的路途。

“聆听窗外声音”“营造书香校园”“缔造完美教室”，仅仅一年的时间，我们的学校就有着翻天覆地的改变，而我，也在不断地改变着、进步着！

阅读，在路上

阅读是一件需要持之以恒的事情，也是一件幸福的事情。“营造书香校园”让校园的每一个角落都充满了动听的读书声。晨诵、午读、暮省让孩子们养成了爱读书、会读书的好习惯。为了了解孩子们的世界，能和他们有共同语言，我时常会和他们共读一本书，渐渐地，不愿意阅读的我爱上了阅读。阅读丰盈着我的心灵，充实着我的大脑，也让我和孩子们之间拉近了距离，成了好朋友。这份职业的幸福感让我明白了，用心做教育，你将收获无比的幸福。让我们和孩子朋友般地相处，用尊重赢得尊重，让心灵体验心灵，在被爱中学会爱！

听见花开

四月，春暖花开；四月，花香飘逸。四月里的这一天，我们来到了前沟小学，为了找寻这个学校，我和远馨还真是几经波折。踏进学校的大门，校长和老师们非常热情。而我，一开始是打算给孩子们上节体育课，想着来场激烈的拔河比赛。可是天公不作美，微微下起了小雨。我心想：“怎么办？体育课、拔河比赛还怎么进行？”一时间我不知如何是好。远馨说要不然你上节美术课，教他们画画也行。我想了想，总觉得不尽如人意。“要不你教他们律动吧！”我眼睛一亮。对呀！我们学校有那么多优美的律动操呢！简单的舞蹈动作，孩子们一节课肯定能学会，而且又可以将我们的阳光教育传出去，瞬时我感到欣喜若狂。

第二节课开始，随着校长来到教室里，看到孩子们一张张稚嫩的脸庞，无比开心。一个孩子好奇地问道：“老师，你们是来给我们上课的吗？”“老师，上啥课？”孩子们的好奇心很强呢！开始是夏老师的手工课《制作圣诞树》，孩子们学着夏老师的样子认真做着自己的圣诞树，我也不自觉地拿了张纸跟着做起来。我旁边的小姑娘突然对我说：“老师，我给你说个秘密吧？”我说好呀，说着她可把嘴巴凑到了我的耳旁：“老师，你和夏老师长得好漂亮，像天使一样！”我笑笑说：“谢谢你，你的这个秘密呀，老师藏在心里了。”

快乐的时光总是短暂的。音乐响起，课间操时间到了，孩子们在操场上做起了课间操。“小苹果！这么fashion！”一时间，我惊呆了！孩子们的动作伴随着音乐非常到位，这不正是阳光少年的表现吗！

有了《小苹果》的功底，加上夏老师的鼎力配合，不到半节课时间孩子们就学会了律动操《让爱传出去》，可谓非常成功的一节阳光舞蹈课程。有了上午的经验，下午在土桥小学的课程进行得也非常顺利。临走时，孩子们你一句我一句地都在说：“老师，再见！老师，有空还来教我们。”

我们把孙小的阳光教育传递了出去，同时也收获了满满的阳光、幸福！这不正是授课的意义所在吗？

狂欢万圣节

不论在课堂上还是在各项活动的开展中，快乐知识教学法一直是我秉承的教学方法，希望每一个孩子都能在玩儿中学，在学习中收获快乐，幸福成长。第一届“万圣节——Trick or treat！”主题活动是在我班举行的。同学们积极准备，上网查找万圣节的资料，活动开展得有声有色。本次活动让学生初步了解了国外节日的文化色彩，感受不同的风俗节日；同时在活动中能让学生快乐地学习英语单词和句子。孩子们通过自己的小手制作了别致的面具，又扮演了“疯狂”的老师；各式各样的小游戏让孩子

们一个个热情似火，欢乐无比。

邂逅新教育，我有了额外的奖赏

随着新教育活动的不断开展，我在拍照和摄影的道路上也不断创新。遇到举办大型活动，我都像一名记者一样，记录着每一个动人的场景，感觉自己真成了一名摄影师呢！有时候办公室的老师们开玩笑说我就像一块砖，哪里需要哪里搬。我感到无比开心，也十分愿意去做这些事情，丝毫没有觉得累。这既是一份责任，也让我感觉幸福、快乐。

阳光教育，幸福人生，我在路上！

涓涓细流浸润心灵

◎ 朱萌萌

有人说一年级的孩子是魔鬼和天使的结合体，这话一点不假，他们的热情、礼貌、纯真时时感动我，但更多时候会让人操碎了心。他们活泼好动，自控能力差，注意力保持时间短，要想取得良好的教学效果，教师必须灵活运用教学方法，以兴趣为突破口，促进孩子思维的发散和成熟。

小物件，大作用

一年级的学生注意力不容易集中，他们刚刚踏入校园进行正规化的学习，要先把学习习惯养好。我充分利用好前半节课，后半节课可以做练习或者游戏，注意一节课不要把教学内容安排得过多，以免学生疲惫不堪，不仅没学到你预想中的知识，还使他们在下一节课中降低了学习的积极性。大家都知道“兴趣是最好的老师”，由此可见，激发学生的学习兴趣，让学生在愉快的气氛中学习可以调动学生学习的积极性。我从学生的实际出发，努力寻找能够激发他们学习兴趣的切入点。我做了一些小奖品，比如小星星、小笑脸、小红花等鲜艳可爱的东西。在上课前，我这样说：“同学们，看老师带来了什么？喜欢吗？如果今天谁上课坐得最端正，发言最积极，不做小动作，不说悄悄话，老师就奖给他。比比看，今天谁能得到小红花？”这样就能利用学生争强好胜的心理调动他们的积极性。

小小口令，不简单

课堂形式单一，很容易造成学生身心疲劳，从而分散注意力。当学生注意力不够集中的时候可以运用事先约定好的一些口令组织教学，同时教师必须要有较强的应变能力和课堂控制能力。一年级学生年纪小，情绪易激动，即使是一点小事也往往让他们兴奋半天，其行为突出表现为拍桌子、大呼小叫、拍手、离开座位、跳跃等，所以教师要在突发事件刚出现苗头时，就及时给予转化或制止。具体做法是：教师说“1、2、3”，学生马上回答“请坐端”。老师说“1、2”，学生说“安静”“小眼睛”“看黑板”。我还自编儿歌激发学生兴趣，如：“上课铃声响，安静等待老师进课堂。”教育学生不要大声喧哗的：“请你跟我这样做，我就跟你这样做”，“耳朵耳朵在哪里？耳朵耳朵在听讲”。教师和学生一唱一和对儿歌，既简单，又很有节奏感，使师生之间的距离缩短了，学生也主动地参与到教师的教学过程中，没有走神的机会。

争当小老师，增强自信心

识字是一年级的教学重点。几年的教学经验让我明白了，课堂上想要在短时间里了解每一位学生的识字情况是很难的。于是我采用聘任“小老师”的方法，取得了较好的效果。每节课上学生认为自己已经掌握了刚学的生字，就让他读给我听。对于读得非常好的，就聘任其为“小老师”，其他同学都可以到他那儿认读生字。为了激发学生的识字兴趣，每一位识字过关的同学都可以被聘为“小老师”。因此学生学完一篇课文后，就积极地到“小老师”处认读生字，学习主动性得到了很好的体现。

抓住时机，恰到好处

有些事我们需要在合适的时候来做。记得一次下课时，孩子们很自觉地站好了队，我立刻对他们竖起了大拇指：“你们排队进步真大，又快又好，太棒了！”孩子们个个脸上洋溢着欢喜之情，站得更直了，于是我话锋一转：“可是，请大家回头看看与你们朝夕相伴的桌椅们，它们的队伍怎样呢？”队伍里一片寂静，我告诫自己千万不能心急，他们发现问题是需要时间的，我一定得耐心等待。一秒钟、十秒钟……最终还是没有让我等得太久，从队伍中走出了两个心明眼亮的孩子，他们进教室去整理起了自己的课桌椅，原先静悄悄的队伍已变得不再安静，更多的孩子加入到了整理清扫的队伍中。热火朝天的场面结束了，我赞叹道：“太好了，看来还是你们行，瞧，原先这些不守规矩的桌椅在你们的帮助下整整齐齐地站好了，如果以后桌椅再不整齐了，你们可要及时帮助它们排好队，好吗？”孩子们热烈地呼应：“好！”于是我趁热打铁，又设立了课间四部曲：换书本—摆桌子—放椅子—捡垃圾。大家一边说一边做，班级的环境有了明显的改善。

及时的表扬和鼓励

每个学生都希望自己在老师眼中是最好的，一年级的孩子也不例外，最喜欢听到老师的表扬，一听到表扬就会有更好的表现。在课堂中，我及时表扬守纪律的学生，使其他同学受到感染。当学生回答问题正确完整，我及时给予肯定，说“你真棒”“你真聪明”“你说得真好”等。为了带动其他学生，我及时抓住时机说：“还有谁能像他那样说？”要是答错了，我也要给予鼓励，如“你坐下再想想，下次你一定能行”等，也可以用掌声或送小红花等方法鼓励他们，让每一位学生都感受到希望和鼓励，体会成功的喜悦，觉得自己是学习的主人，更加坚定学习的自信。

一年级的孩子天真烂漫，作为老师，我们要把他们当成自己的孩子那样去爱他们，要用赞美的眼光去看他们，让他们充满自信地学习。

在阅读中幸福成长

◎ 李晓晖

2014年9月，我和55个天真可爱的孩子共同组成了团结、活泼、和谐、向上的班集体——小蚂蚁班。小蚂蚁班全体成员共同努力，营造浓郁的读书氛围：“蚁写蚁画”“蚂蚁风采”“蚂蚁乐园”“蚁读蚁悟”“蚂蚁书屋”版块用于展示学生的读写绘、共读读后感和好书推荐卡。学生置身于诗意的文化氛围中，不知不觉地爱上阅读。阅读也是我们通向幸福的一条重要通道。现在，静下心来细细品味走过的每一个脚步，别有一番滋味。

小蚂蚁班的读书、成长历程

刚开始小蚂蚁班的班级图书角只有十几本书，平时孩子们很少去翻看。四年级时，学校为每个班级配备了一些图书，补充班级图书角，但数量还是有限，50多个孩子没几天就看完了。班里大部分学生读书太少，写作水平不高，于是我组织学生和家长自发捐书，扩充班级图书角，就这样拥有100多本图书的“蚂蚁书屋”诞生了。为了调动他们的读书兴趣，每天午读时间我和孩子们坚持一起共读绘本，《猜猜我有多爱你》《爱心树》《爷爷一定有办法》《父亲和女儿》《德沃夫爷爷的森林小屋》《鳄鱼爱

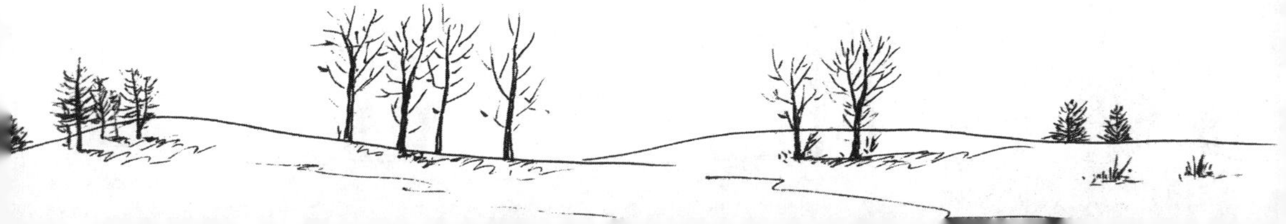

上长颈鹿》《小熊和最好的爸爸》《幸福的种子》……以爱为主题的绘本故事是我们共读的首要选择。

随后，学校收到了童喜喜老师“乡村公益阅读行”活动免费资助的10万元图书，为每个班配备了两个大书柜。原木的书架、绿色的书柜、充满生机的绿植、彩色的墙壁，教室就是小小的图书馆。近500册的图书，孩子们可以自由借阅。一本本精美的童书任孩子们在书中遨游，在故事里沉醉，和书中的主人公对话、做朋友。

一年来，我们共读了《创造属于你自己的语言》《绿野仙综》《爱的教育》《罗克和神圣考察》《罗克和八字文》《野狼歌唱家》《数学童话总动员》《永远的朋友》《窗边的小豆豆》《小王子》等书籍。共读拉近了我和孩子们的距离，让我们有了共同的语言密码。书中的每一个画面、每一行文字都深深地印在他们的心田，孩子们尽情沉浸在书的世界中，获得情感的润泽、精神的滋养和成长的拔节。

除了师生共读，小蚂蚁班还提倡亲子共读。每次家长会，我都会抓住时机，对家长进行阅读培训，调动家长和孩子制订亲子共读计划，每个月共读一本书，月底和孩子一起补充共读卡内容。亲子共读不仅给孩子创造了一个读书学习的好环境、好氛围，更重要的是筑起了一道家长和孩子沟通的桥梁，让家长和孩子都受益匪浅。

小作家成长记

小豪，一个白白胖胖、独立、有思想的小男孩。因为他体胖，与体育相关的运动都不是太好，因此也成了班里其他同学嘲讽的对象。小豪开始变得沉默消极、脾气暴躁、充满敌意，无论什么时候，总是一个人静静地待着，从不和别人说笑或玩耍。有时真想帮他，他却总觉得我是在同情他，对我也充满了敌意。

自从班里的图书种类、数量不断增加，他便找到了乐趣，开始慢慢地喜欢上看书。每当看到他在看书时，我总会问上一句“小豪，能告诉老师你在看什么书吗？”他总是笑眯眯地对我说《查理九世》《怪物大师》……我们之间说的话越来越多，他的读后感越写越长。魏老师告诉我他写了一篇近2万字的小说《死亡空间》。我大吃一惊，在征得他同意后，我快速读完。文章写得不错，是一部科幻小说，还融入了自己在小学六年中发生的故事：有老师对他的好，有同学们对他的歧视、嘲笑，有他自己六年来的心理变化，还有他的真实想法。我把他的文章推送到快乐蚂蚁群和学校的微信群里，得到了大家的赞赏。我们时不时还会在班级群里交流一下看法，鼓励他继续写下去。他找到了自己的价值，开始变得乐观、自信、开朗、积极，脸上绽放出甜美的微笑，积极参与到班务活动中，身边的朋友也越来越多，下午放学还主动留下辅导其他同学，对我也是充满了尊敬、感激和感恩。

现在，在我们班他还有一个响亮的名字——小作家。有记者曾到校采访他：“是什么激发你写小说的兴趣？”他说：“有两件事。一是教室图书越来越多，有很多自己喜欢看的科幻类图书；二是语文老师的一句话点醒了自己——‘你们每个人都可以成为一名作家，但你们可能不会太相信自己，不要害怕，勇往直前吧！’”

小豪的变化让我坚信，每一个鲜活的生命都是一粒神奇的种子，体内蕴藏着不为人知的神秘。而阅读，则能给种子以充足的养分滋养，并唤醒其内心所蕴藏的伟大和神奇。

那片最普通树叶的成长

夏日的午后，葱郁茂盛的梧桐叶在风中沙沙作响，在阳光的照射下美丽迷人。无意中看见一片树叶，隐在层层密叶中，是那么不起眼，那么渺小。

这是我见小静时的第一感受。小女孩儿跟随父母外出打工，从老家转来，报到时她给我的感觉是瘦弱、内向、胆小、不爱说话、不好相处。和她接触了两年，我发现：她不是不好相处，而是胆小，不自信，害怕别人嘲笑。

六一校园文化艺术节活动，正好我们共读了《绿野仙踪》这本书，经过讨论决定排练童话剧。课余时间我和孩子们一起改编剧本，动员家长帮忙制作道具、头饰。在主角“桃乐丝”角色竞选时，很多学生举起了手，不经意间我看到小静也怯怯地举起了手。此时，我的脑海里闪现一个计划：让小静参加，通过这次机会，帮她找到自信，变得开朗起来。当我叫出她的名字时，明显能感受到她的惊讶，我鼓励她不要怕，大胆试试看，并交代其他两名同学在负责排练节目时，多指导、多鼓励小静。在一次次的排练中，我发现她的表情、动作越来越到位，与同学之间的交流也多了，脸上笑容更加灿烂，她明显变得自信、乐观、开朗了……

在孩子们的不断改进中，童话剧在紧张有序地排练，终于要验收了。小静在舞台上自信的表情、收放自如的表演赢得台下评委的阵阵掌声，我想自己的目的达到了。功夫不负有心人，通过孩子们的努力，我们班的童话剧荣获校级二等奖。

这次演出会成为孩子们在母校的最后一次文艺会演，再过十几天，他们将踏入考场，离开生活六年的母校。但是，我一定会深深地记得——那

一片最普通树叶的成长。

朱永新老师曾说：“阅读是把最美好的东西给最美丽的童年。”的确如此，三年来，伴着新教育花开的芬芳，我和孩子们坚守在自己缔造的蚂蚁王国中，大家一起晨诵、一起共读、一起活动、一起反思，用阅读走进彼此的心灵，在阅读中丰盈长大。我和孩子们因新教育而改变，因新教育而充实，因新教育而快乐，因新教育而幸福。

绽 放

那些新教育的“萤火虫”

◎ 徐良惠

“他们微小如萤，光芒如萤，飞舞如萤，他们只是尽己所能地振翅，从未留意甚至不敢相信，这生命之光已经悄然美丽了暗夜。”这是我摘自《这一群有种的教师》中的一句话，而这句话正是学校阳光人的真实写照。

2014年的7月，我到苏州开完年会后，刚到家，就迫不及待地和学校的行政人员、骨干教师分享苏州之行的学习感受。大家看着我带回的视频、幻灯片和会议资料，热烈地规划着学校的实验。9月份，新教育研究院正式批准学校为新教育实验校。7个月以来，无论是八月的桂花香飘过还是秋天艳丽的红叶拂过，不管是中国农历节气中的“冬至”还是西方传统的“圣诞节”，都成为师生开发的新的课程。在课程中，师生一起经历生命的欢喜，一起感受自然的力量，一道编织有意义的教育生活，完成知识与儿童的对话，从而形成自己独有的生命历程。新教育以它独有的教育魅力，改变了教师的行走方式，改变了学生的生存状态，改变了学校的发展模式，改变了教育的科研范式。

为了向全国新教育同人汇报实验情况，促进相互交流、共同提高，高新区定于4月13日—15日举办以“相约牡丹花城，分享成长之美”为主题

的开放周活动。作为对外开放的实验校之一，学校还要接受创建卫生城市的复检任务等。3月份，我和我的伙伴们共同接受了任务和挑战。我们的一举一动，一言一行，无不显示着新教育人的特质——坚定、执着、平和，我们就像这小小的萤火虫的汇聚，美丽了漆黑的夜。

萤火虫之一：李俊锋

她是我们学校“70后”教师的杰出代表，是名“女汉子”。老公在偃师做生意，厂里很忙，也不经常回家。她一个人照顾老人、一个初二的孩子，是学校的数学教研组长、班主任，教授三年级的数学课和英语课，原来负责实验仪器的老师这学期请假了，她二话没说又接受了这个任务。上周周二，一共送来20个柜子，一货车的科学、数学仪器，周四市里就要来督导，我们看着一屋子的东西，都觉得没法下手。她搭班的老师有病请假，仪器室也是刚刚粉刷完，她带着6个老师，利用中午、晚上的时间，打扫卫生，把柜子拆包、仪器拆箱，摆放到位。周四市里检查的时候，对仪器室的建设工作提出了表扬。周日因为学校有基建项目，我到学校的时候，发现她带孩子也来了。我问她：“有事吗？没有通知加班呀！”她说：“仪器室还有一些器材摆放得不规范，我再来收拾一下。”我说：“周末了，休息吧，周一我们再整理。”她说：“整理完吧，不然我不踏实。”她把儿子当作助手，开始了一项工作的完美创建。

萤火虫之二：李忠社

他是学校的总务主任，在这个女多男少的世界里，我们的叽叽喳喳，使本来就不爱说话的他更加“寡言”了。

他的沉默却是我们行动的力量，每每遇到困难，总是问：“李老师，怎么办？”“没事儿。”他的语言总是简短有力。粉刷教学楼、绿化种植、运送仪器、后勤维修、教学保障等，他样样都记得住，井井有条、纹丝不乱。最令我们感动的就是：每次施工方往学校送东西老是在中午、晚上或者周末，李老师家离学校最近，所以也总是和他联系。有一次都晚上10点了，施工方往学校送材料，他依然是积极地行动。

他不会用动听的语言来描述自己工作的重要，也不会在繁忙的时候发脾气、有怨言，他用点点滴滴的付出、默默无语的行动鼓励和支持着阳光人！

萤火虫之三：张利培

她是一个“80后”，性格上有着那个时代的特质：个性鲜明、思维敏捷独立，有时候坚强，有时候敏感，但她更多的是体贴、奉献、大度、宽容。她教授着一个班的数学课和英语课，她热情、主动，几乎包揽了学校所有实验班级资料的整理工作，每天除了上课就是与设计师沟通，又带着整捆整捆的资料去制作封皮，而她的蜗牛之家的活动又开展得蓬勃有生机。有一段时间，她们班有几个家长对她们班的活动有些误解，我担心她知道后会影响工作热情，就和家长解释，没有告诉她。谁想她竟然通过孩子们的日记知道了，反倒安慰我：“没事儿，得谢谢家长的提醒。同时，也反思一下自己的语言表达，我可能更多地关注了教学，忽视了学生的心理敏感期。你放心吧，我会改正的。”

她给偃师城关镇近200名教师讲她的蜗牛之家，会后，老师们说：“这个小姑娘多能干呀！当她的学生真幸福！”

她和学生的感情也很好，班里过冬至的时候，她到温州学习了，孩子们给她画了一份小报，包了饺子留给她，写了《邯郸冬至夜思家》送给

她："邯郸驿里逢冬至，抱膝灯前影伴身。想得家中夜深坐，还应说着远行人。"得知她要回来，孩子们又画了欢迎板报，大家都激动地哭了，孩子们亲切地称这个未婚的小姑娘为"牛妈"！我说："好难听啊，别让他们叫了。"她说："没事儿，孩子们喜欢就行！"

"孩子们"，叫得多顺溜、多亲切啊！在我眼里，她也还是个孩子啊！看她带着孩子们过圣诞节、万圣节、冬至，绿化种植……我也经常有这样的感受：当她的学生真美！

萤火虫之四：李　冉

她是一个"90后"，成长环境很好，独生子女，创造力和想象力很强，喜欢自由。她文静秀气，也不爱说话，但随着越来越熟悉，大家也越来越喜爱她，她让我对这个年龄段的教师刮目相看。

她是学校年龄最小的教师，个子也不高，长相秀美，如果不注意，就会和身边的学生——哈哈，"泯然众人矣"！她什么都会做，而且做得相当出色。她教一个班的数学、英语并负责美术社团，什么都是"极好的"。学校的照片需要保存，洗出来太简易，为做相册她跑了好几个地方，问了好多店，最后嫌"价钱太贵了，不划算"。经过朋友介绍，终于我们找到一个后期制作相册的地方，价格还可以，但是只接待影楼，不接待学校和个人，设计需要自己进行。她说："没关系，我自己下载一个Photoshop软件学习，自己设计。"在我看来，她的随和却是她的个性，我很想问她："你有没有不会的呢？"

向她学习，学习她的不服输，不计较，爱孩子，文艺范儿——真的挺有范儿！

萤火虫之五：陈周全

这是学校年龄最大的一位老师，“50后”。可是，和他在一起，从来没有觉得他是一位老人。有时特别忙的时候，我们不好意思叫他，他就找我提意见：“大家那么忙，为什么不给我派活？”他很“任性”，自己搬桌子，挂墙上的装饰物，主动要求承担开放周的生活课程展示……好惭愧，这个学期他就要退休了，但是人员紧张，在课时分配上没有照顾到他，反倒时时处处让他来帮我们。他常说：“我不怕累，我觉得让我干活是你们接纳我，能体现我的价值。”好吧，尊敬的老人，我们喜欢您，我们敬重您，但是您一定不要再和我们“抢活”了！

萤火虫之六：刘文化

她是一个“60后”。那天晚上需要加班整理档案，她说：“我离学校近，孩子又不在身边，让年轻人回家吧，我留下。”整着整着，她忽然满头冒汗，脸色大变。大家关切地问她怎么回事儿，她说：“一直没有告诉你们，我最近可能是更年期到了，所以有些症状。”很吃惊，在我们心里，一直觉得她就是40岁的样子，因为前一段时间她还到省里进行现场答辩，她的从容、镇定，一直是我们的榜样。

在学校，她是骨干，是核心，在家里，她更是没的说，父母住院，她去侍候，我让她调课去医院，她说调课给别人增加麻烦，却总是每天中午晚上到医院去照顾老人。作为长孙女，她还要照顾卧病在床的和她没有血亲的奶奶，因为她脾气好，又耐心，老人也爱在她面前撒娇。

学校行政组的伙伴们年轻了点，办事有时候未免有点急，她总是开导我们，要因势利导，多担待大家。

萤火虫群体：阳光人

上面的六位老师，只是我们群体中每个年龄段和行政组的一个代表。是很忙很累，但是阳光人无怨的付出和齐心协力时时刻刻在鼓舞着我。

这个月，楼刷完了，围墙马上也要竣工了，竹子种上了，柜子做着呢，检查过去了，仪器全到了，设计稿也都出来了……一切都按时间节点进行着。

明煦楼的老师们把教室里的物件全部用报纸包好，带着孩子们在外面“流浪”了两天，大家说，进教学楼像走进了雪地一样。他们踩着刮下的涂层，仅用半天的时间把教室打扫得干干净净，他们衣服变成了白色，头发变成了白色，鞋子都湿透了。我看到我们的老师上完课就开始加班，朝辉在上完7节课后，又干活干到晚上6点多；庆元腰疼着还为加班到晚上的老师们做饭；素霞没有一点的推让，和我们抢着干；岩岩两天整理出了两年的师训档案；腊云一次又一次地整理课题资料，和老师们沟通社团的实施；徐林林带病工作；还有那些年轻人：颖歌、俊辉、玉静、远馨、蒋瑞、雪珍……

太忙了，给大家分配任务的时候，问：“用不用开个会，和大家沟通一下？”伟伟说：“你放心，我们都知道！不用说！”那天太累了，忍不住“哎呀，妈呀”一声叹了口气，被下楼的朱林林听到了，她说我：“你叹什么气！有啥事你说嘛！”

有时当我又累又疲惫地走进校园的时候，每个孩子都笑着和我打招呼，老师们给予我真诚的笑容和帮助，看着校园一天一天在变化，看到孩子们越来越喜欢我们的学校，看到大家为了我们的愿景如此地拼，真心地为我们的阳光人骄傲！

我见过世界上最美的河流，那是辛勤劳动的阳光人脸上的汗水；我见过世界上最雄伟的山峰，那是阳光人在挑战和困难面前坚实可靠的肩膀；我见过世界上最美丽的花儿，那是阳光人虽然劳累却依然灿烂的笑脸。

阳光人，他们就像这个时代的萤火虫，弱小、平和、没人注意，但他们彼此温暖。每当黑夜来临，他们总会悄悄地飞到你的面前，带着自己小小的亮光和温暖，在这个无边的世界里，彼此照亮，彼此扶持，彼此温暖。

在这个充满温情的校园里，他们就像这小小的萤火虫一样美丽。

相约美丽武侯　共享教育幸福

◎ 姚岩岩

“向着明亮那方，哪怕一片叶子，也要向着日光洒下的方向；向着明亮那方，哪怕只是分寸的宽敞，也要向着阳光照射的方向……”每当吟诵起金子美玲的《向着明亮那方》，我就会情不自禁地沉浸在诗歌的旋律中，是那么美，那么幸福。

成都，一个迷人的城市，宁静而美丽。在绿意盎然的初夏时节，我们高新教育人一行相聚在这里，再次感受新教育强大而精彩的魅力，享受新教育带给我们的幸福。对我来说这更是一次美丽的邂逅。一天半的学习，紧张而充实，快乐而耐人寻味。聆听，感动，震撼，热血沸腾。

唤醒心灵的成长

教育就是唤醒，而唤醒更重要的是一种自我觉悟与力量。榜样教师的完美叙事撞击着我的心扉——

带有孩子气的黄雪萍老师分享了她们“破壳班”的故事：一月追梦月，三月茶文化月，六月插秧月，九月阅读月，十一月种子梦圆月……每月一次有意义的主题活动，彰显了孩子们的个性，让孩子们的生命得到了

充分的舒展，成为最好的自己；“破壳博物馆”是黄老师用自己闲置的住房布置的，里面倾注了她的心血，存放了孩子们的成长故事，记录下孩子们小学六年的美好时光。

稳重大气的谢建平老师，为了纠正儿子爱看电视这一不良习惯，静心研究电影课程，并结合语文课本研发了三至六年级的电影课程，使孩子们的阅读和写作能力得到了整体提高。从她身上，我看到了母亲的坚强、老师的伟大。

“漂亮得不明显”的武侯实验中学的唐燕老师，因为热爱教育、喜爱孩子，主动提出担任班主任。一路走来，她尝试着，努力着，辛苦着，从而幸福着。她的成长离不开李镇西老师的引领指导和“威逼利诱”：“最近在读什么书呀？”李老师见到学校的每一位老师都会这样“亲切”地问一句。多睿智的一位老者，老师们还能不读书吗？在她遇到一位奇葩学生让她绝望时，李老师说：“哈哈哈！恭喜你，有了这么好的研究对象。”这样的一句话，让她摸不着头脑。“如何研究呢？”她陷入了深思，李老师告诉她“观察，研究，记录，反思”。就这样，她行动起来，坚持记录，写下了两万字的教育故事，也让她的教育生活更加精彩！

“漂亮得很明显”的武侯实验中学的英语老师陈红，意外成为一名班主任后，开启了自己的幸福教育之路。聆听窗外声音，让她看见了另一种美好，遇到了更好的自己。梦想课程的研发，让她和学生间有了共同的语言密码。在讲述她的学生的故事时，她的眼角湿润了。真情的流露，浓浓的师生情，让我为之动容。瞬间，我被她的幸福所感染，也有一种想当班主任的冲动，也想书写属于我和孩子们之间的故事。

再看年轻有活力的郑燕老师，精心研读新教育，达成课堂的三重境界。幽默而有个性的蒋长玲老师，“做一棵会思考的芦苇”，带领孩子们穿越课程，走向卓越……这些榜样教师言说着自己的经历，畅谈着自己的美好，她们是武侯的真英雄。新教育认为，每位教师的生命都是一个故事，教师既是故事的主人公，又是故事的作者。能否把自己的生命写成一部伟大的传奇，取决于本人是否真心用心地书写自己的生命故事。他们的做法不正验证了这个真谛吗?

触动心灵的风景

触动心灵的风景，并不一定美丽，但却足以让我们的心灵为之感动。在这次旅途中，温文儒雅的朱永新老师，朴实无华的李镇西老师，天使般的童喜喜老师，擦拭星星的张硕果老师……他们的行为犹如一道亮丽的风景，让我沉醉。童喜喜老师在讲座前的一段视频，再次让我感受到她只身一人走进全国100所乡村学校的艰辛，我似乎看到瘦弱的喜喜含泪奔波的身影。她以集体诵读一首小诗《相信未来》的方式开启了专题讲座。通过喜喜老师的讲解，我明白晨诵课程是一种仪式、一种艺术、一种感悟、5一种精神、一种传承；通过诵读，孩子们感受到诗歌的美好、生命的美好。新教育晨诵的口号是“擦亮每个日子，呵护每个生命”。这个生命指的不仅是孩子的生命，同样也是教师的生命。只有热爱生命的教师，才能培育出热爱生命的孩子。

两个多小时的讲座，李镇西老师热情奔放、激情四射。他谈自己的教学经验，谈让他引以为豪的学生，谈令他骄傲的老师们，向在场的每一位教育人传递了：幸福比优秀更重要。他说，做新教育不必要花哨、豪华，而是要朴素地做真教育；新教育不是为了赶时髦，而是为了我们职业生涯富有诗意且充满幸福；新教育榜样教师不是为了追求名利、卓越，而是追求自己内心的成长。他通过一个又一个生动的故事，诠释了爱的教育以及作为一名教师所拥有的人文情怀，充分说明了新教育能让一个老师从普通走向卓越，从平淡走向幸福。

震撼心灵的美景

如诗如画般的美好意境，可以给人一种美的享受。走进武侯实验中学附属小学，浓浓的新教育文化气息扑面而来，新教育的理念在这里被体现得淋漓尽致。“十大行动”、儿童课程、新教育成果资料展示等，让我如沐春风。阿福童体验馆让学生真正成为这里的主人，这里是学生作品的天地，墙壁上、超市里、展架上……让我目不暇接。学生分管经营，每一位学生可以通过自己的努力及平常的表现赚取阿福童币，之后，可以存放在“银行”里，也可以在体验馆里消费，学生的生命价值在这里得到了充分的体现。随处可见的图书角，让学生们爱上阅读，爱上书籍，采撷智慧的风华。武侯实验中学曾经是李镇西老师的另一个教育阵地，九年里，他没有留下什么品牌、特色，却留下了一所满是故事的校园。写故事、拍照是李镇西老师做得最多的两件事情，连续三年出版了三本《每个老师都是故事》，在每年的教师节作为礼物赠送给教师。他将拍摄的照片放大后放在校园里墙上，照片上有他题写的诗句，通过这样一种形式去影响、教育全校师生。学校的校园文化体现了人文性，不过于张扬，却又保留了自己的印记。校门口的校名是学生写的，校园的石头下埋着学校的历史，50年和100年后开启两次，让未来的教育者了解现在的教育。整个校园贯穿着陶行知和苏霍姆林斯基两位教育大师的思想。在武侯实验中学，“一步一风景，处处皆文化”的浓郁文化氛围，无时无刻不浸润着学生的言行和灵魂，无时无刻不陶冶着学生的情操和品格。

新教育是什么？是给孩子和教师自己的未来留下温馨回忆的教育。这样美好幸福的教育，我们能不付诸行动吗？正如朱永新老师说的：“新教育恰似清晨的一声雷鸣，唤醒了无数教师的梦想与激情。”新教育，真正唤醒了武侯的每一位教师，他们用文字记录成长，用行动诠释理想，把自己的生命融入孩子的生命，过上了幸福完整的教育生活。

一路紧张，一路采撷，累并快乐着。学习时间虽然短暂，但收获颇丰。这次盛典给我的生命注入了新的活力，更让我有信心追随新教育，践行新教育。相信不久的明天一定能遇到属于自己的庆典。

用仪式擦亮每个日子

◎ 徐林林

新教育特别强调仪式与庆典。朱永新老师曾经撰文《用仪式唤醒生命》指出：学校里的各种仪式，都与孩子们的生命相关联，也是孩子们校园生活的重要组成部分。这些仪式，无论形式如何，对于孩子们幸福、快乐、完整地成长，都有着不可或缺的意义和不容忽视的作用。教室里那些看似平凡普通的日子，如果我们用心去装点，就能够把它们擦亮。

2015年的1月22日，对我们蜗牛之家的每个人来说，都是一个值得永远铭记的日子，因为这一天是我们蜗牛之家的第一次期末庆典。开心的孩子，热心的老师，关心我们的领导，信任我们的家长，所有的人都让我铭记。庆典中孩子们精彩的表现更是感动了所有人：四季诗歌的朗诵浓缩了我们以往用诗歌开启的每一个日子；铿锵有力的班诗是班级灵魂的体现；《我和书的故事》代表的是生命与书的编织；《我想对你说》是心与心的交流；孩子们将课本剧《将相和》表演得有板有眼，把我们的庆典推向了高潮。我们用最朴素的方式，去迎接最隆重的庆典，去回顾我们共同走过的路程，去细数孩子们一路收获的点点滴滴。

这一天，也成为我生命中最重要的日子。在当天的日志中我记下了这样的文字：时针指向零点，孩子在我身边安然睡去。虽然身体非常疲惫，但却没有丝毫的睡意。我的脑海里像电影回放一样闪过今天期末庆典的一幕幕，一个个让我感动的瞬间，一张张纯真的笑脸……

当我打开微信群、QQ群的时候，关于我们期末庆典的信息、故事、照片一一出现在眼前。谢谢亲爱的阳光人！谢谢一路同行的伙伴！感谢亲爱的徐校长，如果没有您的鼓励和帮助，我们的庆典不会这么隆重，不会这么完美。虽然没有华丽的舞台，没有漂亮的演出服，没有精致的道具，但这完全没有关系，这丝毫不会影响孩子们全力地付出，他们会做得更好来弥补这些不足。当我问他们最想让谁给他们颁奖的时候，孩子们第一个说到了您，不是因为您是校长，而是因为他们知道您对我们班级活动的支持和帮助，孩子们都喜欢您！感谢我亲密的伙伴，当知道我们需要给孩子化妆的时候，孙俊辉老师、魏丹老师、樊美丹老师、夏远馨老师早早来到教室给孩子们梳妆打扮，孩子们一个个像换了个人似的，又精神又漂亮！杨利红老师带着孩子们布置场地，维持演出秩序，把我们的事当成自己的事！感谢两位“艳燕”老师，这么冷的天，这么远的路，来参加我们的庆典，她们给孩子们带来了最真诚的祝福和期望！感谢我们的家长，今天是入冬以来最冷的一天，但我们的家长全部提前到齐，今天的课本剧中孩子们漂亮的服装都是出自王瑞杰妈妈之手。

就像孩子们说的，这是一个值得我们所有人铭记的日子，这是我们生命中最美的庆典。我想其他所有的外在都不重要，重要的是每一个孩子都把自己最好的一面呈现给了大家。这次庆典的背后，还有许多让人难忘的故事。

提起彪彪，几乎以前所有来我们班上课的老师都印象深刻。骂人、打架、早恋一件不落，干坏事总是幕后的军师，每次把老师气得半死，还抓不住他的把柄。家长对孩子疏于管教，一到放假孩子可能整天不回家，要么去网吧，要么到处闲逛。就是一个这样的孩子，我们并没有放弃他，总是在创造各种机会了解他，走进孩子的内心，用书中的故事、人物影响他。渐渐地，他感觉到老师对他的关心，以前老师训他的时候他经常斜着眼满不在乎地看着我们，后来我发现他会不好意思地低下头。虽然现在他仍然是小错不断，可我能看到孩子一天天的进步与变化。在这次庆典中，他妈妈看着他在台上精彩的演出流下了眼泪，我想这眼泪一定是喜悦的眼泪。

课本剧表演中举着报幕牌的男生叫小龙。他来自外来务工家庭，因为忙于生计，父母对他的学习不重视，加上他学习基础不好，班级活动也不主动参加，在班里显得不太合群。在开始排练课本剧的时候，他没有争取到任何角色。后来为了给他一次机会，我让他担任报幕员，没想到他练得非常认真。期末庆典那天，他亲切的笑容，富有节奏的步伐，给所有家长和老师都留下了深刻的印象。而这次的参与有可能就是这个孩子改变的契机。

涛涛在自己的读书故事中讲道：以前我不喜欢看书，一看到密密麻麻的文字就头疼。回家后总是看电视，妈妈经常训我："就知道看电视，你能干点别的吗？"升入六年级以后，我慢慢喜欢上了看书，看书让我有了很大的进步。在上学期的语文考试中，他考了81.5分，虽然不高，但却是他入学以来最好的成绩。他是那种记忆力和理解力都不太好的孩子，接受新知识慢，背东西慢。比如说今天记会了10个词，听写全对，第二天来就全忘了。在这次的庆典中，我让他上台给大家讲讲自己的读书故事，想到他背东西慢，就告诉他可以拿着稿子念。他听后没有吭声。可是在第二天的庆典上发言时，他没有拿稿子，他背会了。我不知道，这篇近500字的文章，孩子在家默默背诵了多长时间。虽然他只是学习上的后进生，但他尽了自己最大的努力做到最好，我觉得他就是我最好的学生。作为他的老师，我感到特别骄傲。

发现美好，朝向美好，我和孩子们在这段幸福之旅中共同努力成为最好的自己。我们用仪式和庆典去擦亮生命中那些平凡的日子，向着明亮的那方，向着最好的自己，幸福坚定地走下去！

我和我的“彩虹之家”

◎ 夏远馨

三年前我成为“彩虹之家”的班主任，作为一名刚从象牙塔里走出来的大学生，面对五十多名性格迥异的学生，不得不加快自己成长的脚步。在这一千多个日夜里，是这五十多名学生让我不断地反思，不断地收获。我们一起共度每个阅读的日子，一起面对未曾预见的突发事件，一起在活动中成长，一起收获喜悦和感动。

共度每个阅读的日子

2013年9月1日，我和孩子们相遇，组成了一个快乐温暖的爱阅读班级——“彩虹之家”。阅读，像一束不灭的灯火，点亮学生通往智慧的路。当孩子们跨进小学大门的第一天起，我就牵着他们的手行走在阅读的路上。

早晨我们阅读诗歌，背诵古诗文，让经典传诵，中午我们用故事开启爱的旅程，课余时间通过漫画为阅读的日子解乏。每周一到周四的中午，我们都会一起阅读亲近母语研究室的《全阅读》，书中的经典故事已经成为孩子们日记和生活中乐于讨论的内容。每月一次的“彩虹书会”成为

学生们阅读的庆典，“彩虹书会”上的每个故事都是精挑细选的，全员参与，老师提供故事PPT，孩子讲述，家长帮忙准备材料。每个孩子都成为快乐的阅读推广人。带领“彩虹之家”每天阅读已经成为我生活中最快乐的一件事。

面对突发事件

人们仿佛总是要等到问题真正来临时，才能直面困难和问题，才有动力去变革，去改变。而能够做到未雨绸缪的人，才是智慧之人。这次的“停课事件”就毫不留情地把我推到了问题面前。

面对问题，在徐校长的建议下我开始探索能达到“停课不停学”目的的各种模式，对于这一切就犹如发现新大陆。我试着把课堂教学内容做成课件，利用录屏软件录课，在此期间为了鼓励孩子我给他们写了一封信，内容如下：

彩虹班的孩子们：

说实话，由于平时的忙碌工作的压力和紧张，老师也是喜欢放假的，但这次突如其来的停课却让我始料不及。那天家长会后，家长走了，我送走了最后一名家长，回到班级，却突然有种失落的感觉。教室里没有了你们跑跳的身影，没有了喊叫的声音，没有了哪个孩子追着我告状的情景，突然肃静了，心里却无比地空落落，绕着教室走了一圈，教室里唯一的变化就是少了你们，原来是你们的离开使得我心里突然地难受、突然地空落落。

冬天来了，2015年也只剩下不足两个月，回顾这近三年时间里，我和你们以及你们的家长从相识到相知，为了共同的心愿：我要教育好彩虹班的每一个孩子，家长要让孩子成长得更健康、学习更棒！就这样，我、你们、家长，我们摸爬滚打地走过了这几个学期，教你们学拼音、学走路队、学做操、学听口令、学认字、学读书，告诉你们如何做事有礼貌、如何做个孝顺的好孩子，和你们一起诵读一首首童谣儿歌、背弟子规；家长们也尽自己最大的努力去和孩子一起读书、一起写作业并检查作业、签字；你们也在几年时间里塑造了和刚刚进校门时大相径庭的自己。

我的孩子们啊，知道吗？幼小的你们，散发出一种巨大的魔力，要不然这三周怎会对老师和你们是如此的难熬！别担心，孩子们，我们马上就要见面了，下周一老师将开启教室大门迎接你们，希望在这最后几天里你们听爸爸妈妈话，好好学习，认真读书，给老师一个个惊喜。最后再次预祝我的孩子们，在接下来的每个日子里都能快乐学习，健康成长。我们周一见！

夏老师

2015年11月17日

这种新的授课模式既让我感到新奇无比，又让我有些忐忑不安，这种不安一直持续到学生复课回来。他们的表现让我彻底消除了顾虑，他们清楚地记住了我在视频里的每句话，完成了各项作业，甚至比以前更加用心，我的放手似乎让他们更快更好地成长了。

卢梭有句话：“大自然塑造了我，然后把模子打碎了。”的确，课堂不是机床，把学生冲压成某种质地的零件；课堂也不是流水线，把学生组装成整齐划一的产品。课堂应当因材施教、因人而异，成为激发学生创新能力的殿堂。理想的课堂应该是“知识的超市，生命的狂欢”。这次打破传统模式利用各种媒介的远程课堂的效果就足以说明一切。

在活动中成长

停课结束，到了下学期的5月，我的工作就开始繁忙起来，因为儿童节就要到了，为了丰富孩子的节目，学校为孩子安排了各类文艺演出和活动。紧张的节目排练随之拉开了序幕，除了我所带的班级节目，还有区里节目，虽说以前有过排练的经验，但因为题材比较新，所以一开始毫无头绪，一时更觉得慌乱和烦躁。幸好区里节目内容都已经定好了，徐林林老师帮忙准备好了文字资料，樊美丹老师、李婧老师帮忙排练节目，工作量和压力减轻了不少，而班级节目是童话剧，副班主任孙艳茹老师招呼孩子们复习剧本，原本繁杂的工作有了头绪。

然而，在给班级排练时我发现要让每位学生都能在舞台上展现自己还真是件不容易的事情。排练一段时间后，我发现有些孩子动作早已娴熟，但有些孩子却还是有些“笨手笨脚”“不知所措”。于是，一遍、两遍、三遍……我便忍不住开始埋怨和责备孩子，“这么简单的动作你怎么老是做错”，“要学会听音乐，跟着节奏跳”……这使我陷入了消极的情绪中，孩子们也并没有因为我的训斥而跳得越来越好，反而更加心不在焉。突然有一天，我发现平时经常被我点名的孩子居然表演得很好，我当场就表扬了她，她美滋滋地对我说：“夏老师，我回家对着视频看了很多遍，练了很多遍。”你看，孩子们都很努力，很努力地想要跳好，想要得到我的肯定和鼓励。我不禁开始反思起来：我为孩子排练节目的真正目的是什么？孩子上台表演的意义是什么？通过演出，孩子应该得到些什么？带着这些问题我重新调整了自己的心态，制定了有利于孩子发展的一系列措施：一是心平气和，摆正心态。毕竟每个人都有自己的长处，孩子也一样。有的孩子动作发展快，乐感强，喜欢表现自己；有的孩子智力发展快，语言表达能力强；有的孩子乐于帮助别人……学会客观地看待每一位学生，用欣赏的眼光去看待他们，这样我对孩子多了份理解，少了份责备。二是学会等待。在一次休息当中，看到几个孩子凑在一起练习的情景，我作为一个旁观者，没有去干扰孩子们，倾听着他们各自对动作的理解，互相传授讨论，静观他们的行动，让他们在与同伴探讨和争论的过程中找到适合自己的方法。在我们的“等待”中，学生有了思维碰撞，有了一定的思考时间，使简单枯燥的动作成为表达自己情绪的方式，变被动为主动，排练起来更加积极了。我们不妨做个会“等待”的老师。但“等待”不是放任自流，不是熟视无睹，更不是漠不关心，而是静观其变，给予信任和尊重。适时适度的等待，将会给孩子带来更多意想不到的收获。三是及时发现孩子的闪光点。比如一句“你的动作很漂亮”“你的笑容很美”“你的节奏把握很准确”“你今天比昨天跳得好”……用简单的表扬努力寻找每个孩子的闪光点，这些闪光点就会成为大家的闪光点，那么我们的班级就会闪闪发光！

初为人师时，我总是畏首畏尾，不敢放手，就像学生不敢起来回答问题一样，既有胆怯，又有传统教育留给自己的烙印，更有对教育似懂非懂的片面理解和不成熟的尝试。也许我还有很长的路要走，但我相信我会和“彩虹之家”一起成长，一起收获更多的美好。

运动，精彩无限

◎ 杨利红

它不在舞台上，它不在专著里，它不在电视和报纸里，它不在网络上，它只在一个叫校园、一个叫操场的地方。

在操场上，孩子们晨跑、暮练；六年一贯制的充沛课程，将丰富每一个孩子的生命。在那里，每一个人都是终身学习者，踢足球、打篮球、跳绳、掷沙包，这里是一个个孩子参与与会聚的中心。

在操场上，一切生命都将去掉世俗的光环，重新拥有无限的可能性。在操场上，我们将宣告教育确实是神圣的，生命确实是神奇的，而新教育下的操场确实是一个可以在大地上生根的梦。

走进操场，走近足球

绿茵场上，每一个奔跑的生命都肆意盛放，一颗小小的足球承载着孩子们的七彩梦想。思维敏捷、脚下功夫好、训练有方的小罗老师把爱踢足球的孩子集结到了一起。孪生兄弟中的大豆个子不高，司职后卫却为队里筑起一道坚不可摧的后防线，成了校足球队的主力攻击手；小豆身体素质好，司职前锋也不甘示弱，是队里的进球杀手；队长小苏颇有些球星苏亚雷斯的范儿，会在对方不经意间起脚射门，命中率颇高；女将海燕则是越战越勇，渐入佳境，似乎找到了球感，拼抢得十分积极；门将小董身材健壮高大，扑球有些不灵活，但得益于启蒙教练于老师的调教，倒也入些门道，不失为一位好门将。辛苦接送孩子的家长们也在足球活动中共享体育比赛带来的快乐。走近足球，让孩子们练就坚毅的品质、强健的身体吧！

享受运动的激情

“嘟嘟”，随着裁判员的哨声鸣起，一场激烈的足球比赛宣布结束，亚军收入囊中。孩子们没有尝过失败的滋味，一个个低头不语。小罗老师把孩子们搂在一起，不住地安慰鼓励着孩子们，我在一边深吸几口气走过去和孩子们拥抱在一起。足球外显“粗野”，内显“严谨”，孩子们一路踢来实属不易啊！10月10日接区里通知要举办足球比赛，学校做好准备全力支持。我和小罗老师选人是从学生足球零起步训练开始：从要球到带球再到踢着走，从18个人练到赛前参加10次集训的12名，到最后参赛的9名队员。11月17日赛前抽签分到A组，七支队伍六场比赛；20日第一轮比赛开始，第一场对东马沟2∶0拿下比赛，第二场与土桥沟踢平，第三场3∶1赢了辛四小，第四场与辛一小踢成平手，第五场2∶0胜了辛五小，第六场2∶1打败辛六小；就这样以小组第二的身份杀进了八强进入第二轮，3∶0淘汰三小，又以1∶0踢胜七小挺身进入决赛。踯躅前行，跌跌撞撞，踢了六场小组赛，又连着四场淘汰赛。孩子们没有进行过体能训练，有的只是坚强的意志力和顽强的拼搏精神，一路走来，斗志昂扬，越战越勇。孩子们没有临场比赛经验，有的只是蚂蚁啃骨头的团队精神。一个足球，9名队员，两位门外汉教练，一月有余的训练，背后有着学校领导的大力支持，有着老师们、同学们的加油助威，有着父母的陪伴和帮助。比赛场上处处是竞争，却又充满着友爱。比赛的结果并不重要，重要的是运动带来的快乐与激情。

致我亲爱的足球小将们

40天的朝夕相伴，到昨天下午的一球落定。“孩子们，你们胜利了，你们就是冠军。你们还记得吗？临上场前，小董说脚疼得受不了，比赛开始却全然忘记了痛。海燕，你在场上的独当一面，叫老师都不敢相信那是课堂上弱不禁风的你，在比赛中被对方球员踢着了腿，爸爸心疼地跑上前去连声问：‘疼不疼？有事没事？’你却说：‘我戴着护腿板呢！没事。’大豆，你在决赛中的奋起一跃，将球顶出了中线，压制了对手的进攻，但你没有看到对方要高你一头、大你一号啊！小豆你没发现吧！几场比赛下来你进步不小，会用胸部停球了呀！小申同学，你是半道杀出的一匹黑马，你的倒地铲射，让对手瞠目结舌，好有球星范儿。小苏，你的角球打门命中，妈妈在场下高兴地跳了起来。彬彬，你的身手矫健，足以看出你很有运动的天赋。孩子们，不管输赢如何，你们经历过这些天的比赛，在比赛中学会了头部顶球，学会了侧身防住对方，学会了怎样和队友配合将球打入门里，学会了许多训练中想不到的……你们的表现是那么的棒，比赛场上的你们是多么的优秀，你们用行动证明了自己的实力，将来回想起比赛的点点滴滴，该是多么美妙的趣事呀！你们是不是应该为自己喝彩啊！我们要感谢父母顶风冒雨地接送，感谢学校给我们这个机会，感谢老师赛后为我们补课。足球让我们从相知到相识再到相熟，绿茵场上的你们恣意驰骋，一次次的挑战，一次次的超越自我，向我们证实了朝气蓬勃、永不言败的战斗豪情。孩子们，就让我们从足球开始，载着你心中的七彩梦想，迎着太阳，昂首阔步，高歌前行吧！”

爱篮球没理由

走过诗意的四月，进入烂漫的五月，五月是多彩的，五月是七色花开的时节。一天，冀老师说：“你能不能用篮球来帮助这些孩子更好地成长？我全力支持你，我可以当这个伯乐来帮你选兵，我可以在课后陪你练习，我还可以……”冀老师一口气说了很多个“我可以”，让我连张口说“不”的机会都没有。看着冀老师充满殷切希望的眼神，我说：“走，你陪我到操场上挑兵点将。”就这样，24个孩子进入了我们的视线，这些孩子就像一块块有待雕刻的璞玉，在父母的爱抚下已褪去原石的粗涩，露出隐现的光润的色泽。孩子们，你们是多么幸运啊！你们有幸进入这所雅致而又有着深厚文化底蕴的阳光校园里来，你们有幸遇到了懂你们的冀老师和爱你们的黄老师，你们更有幸能植根于孙小这片沃土里。你们在每天的课间操后自觉地站好队，由少睿同学带领着，认真地练习着每一个自认为还不够标准的动作。那天，你们在学校的大课间首次集体亮相，你们用如虹的气势让同学们瞪大了眼睛。有了初次亮相后，你们更加努力了，因为你们的出彩，学校给你们提供了更好的展示机会——参加区里节目演出。还记得你们第一次大彩排的那天吗？你们在台下等待着，你们看上去自信满满，老师却紧张得不得了。终于到你们上场了，你们左臂夹球，高昂起头，迈着整齐有力的步伐走到场地中间。随着《我相信》音乐的响起，篮球在你们的手中上下拍动，就像你们亲手种下一棵棵幸福的禾苗在恣意生长着，你们自信的神态、出色的表演，让场下观众纷纷拿起相机留下这精彩的瞬间。一个小小的篮球迎来了24朵七色花朵的慢慢绽放。彩排完美的结束，是为了下次华丽的登场。在这短短的半个月时间里，你们如雨后的春笋破土而出，向上成长，老师听到了你们拔节生长的声音。经过了一次紧张过的彩排，终于在六一前夕迎来了属于你们的节日庆典。5月29日16：00在八一礼堂正式演出，你们的《活力大课间》排在第七个节目登台亮相。24个阳光自信的孩子一上场，便让全场观众眼前一亮。运球、转身、传球、胯下拨球，孩子们的动作干净利落、整齐有力。音乐、舞台、篮球、动感，篮球在孩子们的手中高低起伏、无比听话。篮球场上的欢乐与激情，被这群10岁左右的孩子用肢体演绎得生动有趣。孩子们生龙活虎的表演，赢得在场的领导和观众一片掌声。火热的季节，激情的篮球，畅快的舞台，肆意的挥洒。

在操场上我感受了初为人师的困惑，也品尝出传道授业的艰辛，还体验到了体育教师的辛苦。但是，还是在操场上，我编织着自己五彩的梦想，探寻教书育人的真谛，诠释为人之师的含义，把自己有限的智慧和无限的热情注入到钟爱的体育事业和可爱的学生身上，演绎着一个又一个精彩的人生故事。

缅桂花开朵朵香

——记蜗牛之家桂花课程

◎ 张丽培

一节《桂花雨》，万般桂花情。嗅一缕桂花香，酿一杯桂花蜜。

每年9月返校是一件很幸福的事情，校园中处处充斥着桂花的香味，教室中更是飘进阵阵花香，让人心旷神怡！今年的桂花开得有些晚，9月初刚刚开放，洛阳就接连下了十几天的连阴雨，看着“香消玉殒”的小花，我在心里惋惜不已。

今天，轮到我亲爱的“搭伙人”——徐林林老师上语文公开课。孩子们都喜欢上她的语文课，我也想学习一下她的方法，于是就坐在教室后面听徐老师上了一节《桂花雨》。整节课在轻松愉快的氛围中结束，但效果没有想象中的好，学生的理解、感受并不那么深刻。课下，徐老师告诉我：孩子们没有作者童年时的那种体验，很难产生共鸣。怎样能让孩子们体会那种“摇花乐”“桂花雨”呢？这时，徐老师无意瞥了一下校园，远处的绿丛中点缀着滴滴黄韵——桂花又开了！它没有被雨珠打倒，反而开得更加繁盛！

“我们一起摇桂花吧！”徐老师说。

我有些诧然：我们一直教育孩子要爱护花草树木，轻易不要去触碰，今天却要摇桂花树？！树枝摇折怎么办？因为摇树，影响了桂花的成长怎么办？我们班在摇，全校1000多个孩子都效仿，这树还能活吗？摇完会不会满地狼藉？

这些问题不提前想到，会留下不少的后遗症。如何能让孩子们体会到作者当时的那种心情，又能保护到学校的这些桂花树呢？

徐老师出了主意：首先，对学生进行“摇树、爱树”教育，直接告诉学生损坏树木会影响下一回的活动，孩子们为了多一些活动，就会对自己约束一些。其次，空出一节课，利用课上去摇桂花树，这样其他班的孩子就不会看到，不会效仿。最后，摇下的桂花不能浪费，必须收集起来，利用起来。

这样就确定了我们接下来要做的事情——摇桂花。

下午第四节课，我和徐老师带着孩子们来到学校的前操场，这里有两棵大桂花树，树上的小黄花向我们亲切地招着手。孩子们像一群脱了缰的小马，直奔桂花树而去。有的顺着树干往树上爬；有的抓住一枝轻轻晃动，看着落下的小花，欢笑不已；有的撮起地上掉落的桂花，撒向身边的朋友，“啊！你要当新娘子啰！”……一时间前操场笑声不断，他们开心的笑脸成了校园里一道亮丽的风景线。

体会完摇花的快乐，我们一起开始收集桂花了。学生准备了各式各样的器皿：精美的瓶子、折出的小花篮、手工的小布包……五花八门。低处的花摘完了，高个子摇着树枝，低个子忙撑起衣服去接花；瘦弱的小个子爬上强壮孩子的肩头，合作着去采花；猴子般的孩子利索地在桂枝间穿行……真是八仙过海，各显神通啊！孩子们小心翼翼地收集着桂花，只愿自己是收得最多的那个，那样可以给同学带来各式各样的桂花作品。

第二天的晨诵时间，伴随着桂花沁人心脾的香味，教室里传来孩子们优美的诵读。“人闲桂花落，夜静春山空。月出惊山鸟，时鸣春涧中。”“遥知天上桂花孤，试问嫦娥更要无。月宫幸有闲田地，何不中央种两株。”听，孩子们诵读得多么投入呀！这不是书上的诗句，那它从哪里来的呢？原来是几个懂事的孩子找来了关于桂花的诗句，早早到校，将它们抄在黑板上，带着大家一起诵读，让大家一起感受中国诗句中桂花的美。学生还将诗句绘制成一幅幅美丽的画，画在自己的晨诵本上，当然上面还有一棵棵开着黄花的桂花树。

为了对桂花有更深入的了解，我和徐老师支持孩子们在网上查找桂花的相关资料，经过筛选，将有用的知识和大家分享。这下，同学们不但知道了桂花的品种分类，还知道了它的生长特点、栽种条件，真是受益颇多呀。

第三天上午的成果展示课在同学们的期盼中拉开帷幕。孩子们的好创意令我大吃一惊。小娅用桂花做了粘贴画，“老师好”三个字上每一朵小桂花都盛开着，像在对人微笑；瑞杰、佳怡、晨阳把桂花晾干，用好看的布料缝制成外形精美的香包，有的上面还绣着红红的“福”字；梦洁用大米、红豆和桂花制成了桂花饭团，她将饭团摆在盘子里，并在盘子四周用番茄做了装饰，让人看了就想上去咬一口，而且她还制作了花香浓郁的桂花香水供大家使用；小彻为同学们带来了清香怡人的桂花茶，每人倒上一小杯，让人沉醉其中……

桂花茶、桂花糕、桂花汤圆、桂花团子、桂花香水、桂花粥……在阵阵花香中，我和孩子们品着桂花茶，分享着桂花美食，观赏着校园里的桂花树，那感觉，那滋味，可不仅仅是一个“乐、香”能形容得了的。有些孩子还贴心地准备了桂花宴后的甜点——水果。我想，今天一定会成为孩子们最难忘的童年回忆。

过后，徐老师让孩子们将这一系列课程后的感想写成了作文：其中哪个环节让你印象深刻，让你不能忘怀？请将它记录下来。有的写摇花乐，有的写收集乐，有的写做桂花作品的乐，也有的写分享的乐。晨阳在作文中写道：也不知道是谁在摇桂花，那星星点点的花瓣，零零散散地落下来，像一只只漫天飞舞的蝴蝶落在我的头上、身上、鞋上。我情不自禁地说：“啊！真像下雨，好香的雨呀！”子宁写道：一阵阵微风吹过，桂花的花瓣悠悠洒洒地飘落下来，轻轻的，香香的，仿佛一只香滑的小手触摸着我的脸蛋儿，我终于看到了传说中的桂花雨。

讲桂花—赏桂花、摇桂花—诵桂花、画桂花—了解桂花—品桂花—写桂花，整个过程更加注重学生的参与性，让学生通过体验、感知学会知识与常识，课堂不再是纸上谈兵。

将课程与活动相结合，利用活动带动课程，将教师和学生凝聚成一股向上的力量，赋予学校日常生活不平常的意义和目的，为学生的童年留下一抹彩色。

心怀梦想擦星星

◎ 胡雪利

邂逅新教育是美丽的，追随新教育一路奔跑，蓦然回首才发现：在新教育引领下，我们满天星班师生的教育生活充满惊奇，更加精彩，师生真正得到生命的成长与丰盈。

用心设计，营造温馨的班级文化

2014年7月，我们孙旗屯小学成功加盟新教育，成为新教育实验校。9月，在读到美国诗人谢尔 · 希尔弗斯坦的《总得有人去擦星星》时，我觉得和新教育特别有缘，三年前我们班就以“满天星”为中队命名。我难掩心头的喜悦，把它分享给同学们，才思敏捷的怡可说：“老师，我们身上的缺点就是灰尘，你和数学老师就是擦星星的人。”就这样，我们的班名确定为“满天星”：班里的每个孩子都是一颗小星星，孩子们相拥在一起，团结互助、亲密无间，每一颗星星都快乐地闪烁着自己的光芒，共同营造童心、诗意、灿烂的星空。两位老师就是擦星星的人，擦去“灰蒙蒙”，使每颗星星都“亮晶晶”。

根据班名，我们确立了班训、班诗和班徽。依据班级精神，师生共同

编写了我们的班歌《小星星》：在孙小的校园满天星班里有一群小星星，我们活泼又聪明，我们调皮又伶俐，我们自由自在生活在这温暖的大家庭，我们善良勇敢又相互关心。哦，可爱的小星星。哦，闪亮的小星星。我们健康、快乐、阅读、成长做好自己，我们唱歌跳舞快乐多欢心。其中寄托着孩子们美好的愿望：希望自己像蓝精灵一样智慧、群策群力、团结合作。

国庆节，我和唐雪珍老师利用假期在教室里开辟出“我最闪亮”“星愿树”“星光闪闪”“你追我赶”“星悦书吧”等版块，为孩子们营造了温馨、诗意的学习环境。

细心策划，走进独特的节日庆典

童话节是孩子们最喜欢的节日。我把举办童话节的打算告诉孩子们，孩子们可高兴坏了，都说要自己选剧本。第二天，美美和丽娟拿来了近3000字的手抄剧本；鑫媛把电子剧本拷在盘上，徐昊泽拿去打印了10份。孩子的分工合作、参与热情着实让人感动。为了让更多的孩子有参与的机会，我和同学们商量之后，选用了角色更多的《小红帽》这个剧本，并根据孩子的性格特点和特长分配了角色。擅长舞蹈的跳舞，擅长朗诵的旁白，个子大、声音粗的演凶恶的狼，小巧、活泼的演小红帽，擅长表演的鑫媛演奶奶……大家分头行动，背台词、练舞蹈……个个忙得不亦乐乎。

一天，怡然拿了一只仿真的玩具步枪给我，说是猎人的道具。孩子们受到了启发。小静说：“我能拿来奶奶的头巾。”紫晗说：“我能拿来农民的草帽。”内向的小方怯怯地说：“我家有小鸟的头饰。”……

鑫媛在日记中写道：“一个人的力量是弱小的，但大家的力量团结到一起，就是强大的。”

孩子的发展需要教师和家长的共同努力。时朝莉老师说：“老师要成为美好的中心，把美好的事物汇聚在一起，用美好的事物把家长吸引进来。”瑞健和小左在家长的帮助下做好了“锄头”。瑞丹的爸爸从孩子那儿听说要演童话剧，连夜做好了大树和草丛。

看到孩子们的努力和付出，学校给孩子们提供了更大的舞台、更多的展示机会让满天星班、大拇指班等六个班级的童话剧在全校巡演。孩子们自己设计、制作了邀请函，邀请老师和爸爸妈妈参加。

童话节发生了许多感人的故事，给孩子们留下了太多美好的回忆。孩子们以日志的形式编织故事，其中申奥、梁琦玥、梁鑫媛的童话节记事在4月4日的《洛阳晚报》上发表。

童话节后，我精心准备了一次别开生面的家长会，把新教育介绍给家长，展示了温馨、独具特色的班级文化和孩子们的作品，介绍了自己对未来的一些设想以及为孩子缔造幸福生活的长期目标，诚邀家长参与。听了我的描绘，家长们很受鼓舞，纷纷表示会大力支持学校的工作。秀睿的妈妈主动要求做我们十字绣社团的老师。怡帆的爷爷，七十多岁的老先生主动承担我们班的书法课，为孩子们写下了《向着明亮那方》和班诗《满天星》两幅书法作品。

在童话节穿越的日子，在编织故事的路上，无论孩子、家长还是老师，都得到了生命的成长。

开发课程，擦亮每一个平凡的日子

朱永新老师提出：“教室”是一根扁担，一头挑着课程，一头挑着生命。

一、种植课程

植树节的种植课程，从花瓶的选材、设计、制作，到选土、播种，让每个孩子参与，体会孕育生命花心思、劳心劳力的准备过程。

播种时，我先讲了播种的方法，各小组分头行动，挖坑的、下种的、盖土的、浇水的……孩子们分工合作，不一会儿就种好了。不时有孩子抱着花盆来问：“老师，您看看水浇得够不够？”“老师，这样种可以吗？”……第二天，志浩带来一个塑料袋把花盆蒙上，他说：“这样，种子就住进暖房了。”

孩子们每天都要看好多次花盆，像准爸爸准妈妈一样焦急地等待着新生命的诞生。曼洋在日记中这样写：我真想它赶快发芽，好让我们的教室里散发着成长的香味。琦玥说：“我希望它能快点发芽，同时也担心：会不会埋得太深，它拱不出来；会不会水浇得太多了，把它淹死。虽然很担心，但我相信在我们的精心呵护下，它一定会健康地拱出嫩芽来。”

孩子们行走在自己编织的故事里，体会到生命是灿烂的、美丽的，也是脆弱的、短暂的；懂得了尊重生命、珍爱生命。

朱永新老师认为：“大自然是一部无与伦比的美育教材，是美育的源头活水。”

二、“我和秋天有个约会”主题课程

孩子们读秋、寻秋、写秋、画秋、拍秋、制作秋元素创意贴画，在走进秋天的过程中，经历故事、编织故事、书写故事。

我们在晨诵时间诵读了《秋风》《秋雨》《秋天的信》《落叶》《枫叶》等诗歌，并进行写绘。周末，家长带孩子到公园、田间地头寻找秋天。有的孩子拍了秋意浓浓的秋景图，有的孩子画下自己看到的秋天一景，有的孩子用秋天的元素制作创意贴画，还有的孩子带回了火红的山楂、雪白的棉花……我们把孩子们的作品进行班内评比、拍照，通过班班通设备在各班进行展示、交流、学习。

大自然的美启迪了孩子们对生命的追求、对生命意义的理解。

心怀梦想，擦亮每一颗星星

新教育提倡：让每一滴汗水都闪光，让每一个日子都精彩！

这半年多的时间，不论是西方传统的万圣节还是圣诞节，不论是年俗文化周还是开学第一课，都成为我们开发的新课程。我们满天星班每天用诗歌开启新的一天，随着季节的变化诵读主题诗歌，每个早晨围绕主题与黎明共舞。写绘与晨诵诗歌结合进行，孩子们对诗歌进行改写或仿写，写绘水平越来越高。我们在诗歌中穿越，传递人类美好的愿望，享受诗歌带给我们生命的丰盈。我也用文字记下孩子们的成长历程，先后写下了《诗歌的香味》《生命中的第二首诗歌》《从仿写到改写的美丽转身》等多篇班级叙事。

我们共读了《绿野仙踪》《爱的教育》《绿山墙的安妮》《窗边的小豆豆》，孩子们在故事里有了自己成长的梦想，爱上了读书，养成了良好的学习习惯。

生命，以这样快乐、丰富的状态存在着，当然还有额外的奖赏。孩子们的精神面貌发生了喜人的变化：课上，闲话少了，讨论多了；课间，打闹少了，互助多了；放学后，玩耍的少了，读书的多了。学生作文有十几篇在《洛阳晚报》和《青年导报》上发表。孩子们的美术、写绘、读后感、好书推荐卡、手抄报等作品装订成册，共约30册，没装订的还有十几册。

在缔造完美教室的路上，我和孩子们用自己的经历诠释着“行动就有收获，坚持才有奇迹”。守着一间可以长大的教室，我享受教育：教并快乐着，学并成长着！守着一间可以长大的教室，我为梦想前行，只为擦亮每一颗星星。

孙旗屯小学的桂花三弄（代后记）

◎ 代修鹏

“一所小学，洛阳高新区孙旗屯小学，始建于清代，新中国成立后，几经搬迁，现今的校区已有30年历史。学校正在探索阳光教育。

桂花三弄，孙旗屯小学五（3）班的一次课程开发活动，在桂花盛开的季节里，师生59人一起演绎了与桂花有关的美丽课程故事。”

这是2014年11月20日，记者第二次采访孙旗屯小学归来后写下的话。虽然时令变迁，那些发生在校园里与桂花相关的欢笑和故事，已然成为过往的回忆，但是再次提起，与之相关的所有人的心中立刻再次升腾出桂花般的芬芳。

这所学校的校长叫徐良惠，一位富有教育思想与诗意的女校长；这个故事的主人公叫徐林林，一个富有教育情怀与诗意的女教师；还有她多才的同事和一群自然美丽的学生。

这些人，组成了诗意的校园，在阳光教育普照之下，一旦遭遇桂花，所有的元素都齐了，故事于是就开始了。

桂花一弄：源于公开课，赏桂花、摇桂花

美丽的徐林林老师，身上有着做教育的韧劲儿和钻劲儿。周一，公开课，全校语文老师听徐林林老师讲《桂花雨》。徐老师认真准备了一下，她研究过薛法根老师的讲解，“薛老师的课已经出神入化了，相比之下，我能及之一二就好”。

“那节课，我讲得一般，总觉得缺少了什么。”徐林林老师告诉记者，“当讲到摇花乐的时候，也只是跟孩子们一起体会了一下想象文字中的快乐”。

徐老师坦言是中午校长发的摇桂花微信给了自己启发，那校园里长了30年的桂花树给了徐老师很多回忆：自己从学前班起就在这几棵桂花树下长大，在孙旗屯小学上了6年学，每逢桂花盛开，自己的文具盒里、书里、校园里都是沁人心脾的桂花香，那香气已经沁入她的生命之中。徐老师觉得不能将孩子们再圈在纸上、教室里了。

周一下午，孩子们得知要去赏桂花、摇桂花，活了。这些孩子，赏花时慢，上树时快。学生李家宝是第一个上去的，而张博让同伴孙延峰骑在他脖子上摘桂花，条件是到时分一半。程瑞鑫站在树下，桂花落满头，他偷偷尝了尝落在嘴里的桂花，“有点苦”。整个活动持续了一节课的时间，孩子们真真切切体会到了课文当中的“摇花乐”。

回到教室，班主任张丽培和徐林林老师跟孩子们商量，接下来，我们用这些桂花做些什么呢？孩子们脑瓜子很灵活，七嘴八舌。

桂花二弄：结合班级晨诵，讲桂花、诵桂花

早上7：50到8：05，是孙旗屯小学的晨诵时间，时间一到，整个校园

就是诗的海洋。周二晨诵时间，五（3）班的孩子们读什么呢？与桂花相关的诗歌和散文片段。在徐老师和班主任的布置下，关于桂花的古诗、现代诗、散文片段、科普知识纷纷登场。相关材料用投影展示，学生代表上台诵读。

“人闲桂花落，夜静春山空。”采访时，学生李晨阳再现了当时的诵读场景，再次赢得了小伙伴们的掌声。

“桂花可以分为金桂、银桂、丹桂等品种，我们学校的桂花品种是丹桂。”孩子们集体回答了记者关于桂花知识的提问，并告诉记者这些知识除学生查找外，有一部分还是徐老师亲自在家上网查找的。

“学生喜欢的，我尽力去给他们。”徐林林说得很自然，将一个乡村女教师的教育情怀袒露无遗，“语文课就是要跟生活结合得紧密一些，做一些事情看似累一些，但是心不累。快乐会传染，学生高兴我就快乐，会有成就感。”

桂花三弄：动手拓展，做桂花、写桂花

如果说周二的诵读是纸上谈兵的话，那周三、周四的做桂花、写桂花则是真刀真枪地演练了。

五（3）班的全体孩子，以桂花为素材，进行了大胆的创造，经历了失败，也收获了快乐。学生王彻起初煎了桂花饼，总是会煳掉，“没法儿吃”。黄亚萍和尚艺帆等4个小伙伴组成了做桂花包子的小组，一共做了两次：“第一次做了19个，和面、上锅蒸，蒸了半天拿出来还是干瘪的面疙瘩，一咬，粘牙。”“第二次是在几个妈妈的帮助下，去外面买来了酵母，好多了，给全班同学一人做了一个，很有成就感。”

手巧的女生做了两个桂花香包，一个大的，一个小的，大的拿到班里

送给最好的朋友苏梦雨，小的留给自己。李慧慧和范卓娅合作制作了桂花贺卡，用金黄的桂花拼成“老师好，同学好”的字样，很大方。徐梦杰则做了桂花饭团和桂花香水，吃的用的全有了。还有的用桂花作画，构图美丽、巧妙，被徐老师、张老师精心保存起来，拍照放到网上。

徐林林老师介绍：“平时有孩子说作文不好写，不知从哪里动笔。这次桂花课程活动开展后，很多孩子不但快乐投入其中，而且能主动拿起笔记录活动的一点一滴，写得比以往更生动、更好了。”

徐老师指着教室后面黑板上的样文说，那些都是孩子们自愿写的。学生王彻以前写作文总觉得无话可说，这次写得层次分明、语言流畅，让人刮目相看。他说：“文章以摇桂花、做桂花、品桂花几个章节写，是学习班里一个同学的，再说这几次桂花活动有意思，就写得顺了，也改了三四次才写好。”

当天夜晚，记者到学生王彻家里走访，王彻的爸爸王寨辉，这个曾经的孙旗屯小学的学生告诉记者：“我很赞成学校的这些有创意的课程活动，孩子们学得快乐，能学到真正对人生有用的东西。我也是老师，我知道什么样的教育是好的教育。老师就是要把孩子带到真善美的事物面前。”

（此文发表于2014年12月3日《教育时报》第1版，有改动）